Think Like a Baby

33 个读懂孩子的
家庭育儿实验

[美] 安贝尔·安科斯基
[美] 安迪·安科斯基 —— 著
郑婕 —— 译

浪花朵朵

像婴儿一样思考

献给萨米和弗莱迪
我们最亲爱的"小白鼠"

目 录

导言 · i

第一年 · 1

    实验 1   小旋律 · 3

    实验 2   一张宝宝才会爱的面孔 · 10

    实验 3   宝宝向前一小步 · 15

    实验 4   弄乱的脸 · 20

    实验 5   单腿举高高 · 25

    实验 6   宝宝厌烦了 · 30

    实验 7   疯狂运动力 · 35

    实验 8   摇摇晃晃的宝宝 · 43

    实验 9   现在宝宝看到了…… · 47

    实验 10 ……现在宝宝找不到 · 52

    实验 11 我喜欢的玩偶类型 · 57

第二年 · 63

    实验 12 甜如蜜的耳语者 · 65

    实验 13 我认识你吗？· 71

    实验 14 不可思议的互动 · 78

    实验 15 对着手说话 · 83

实验 16　模仿秀 · 88

实验 17　这就是为什么有花椰菜和香草 · 94

实验 18　学习腰带 · 100

实验 19　锻炼起来 · 106

实验 20　快速学习者 · 112

实验 21　嘿，你真好看！· 120

实验 22　体重忽上忽下的宝宝 · 125

第三年及以后 · 131

实验 23　我觉得够了 · 133

实验 24　盒内思考 · 139

实验 25　重要的是想法 · 144

实验 26　小小记忆者 · 151

实验 27　不熟练的转换者 · 157

实验 28　现实与幻想 · 163

实验 29　我不是动物 · 170

实验 30　骗子，骗子，裤子着火 · 175

实验 31　涂鸦笔记 · 182

实验 32　香甜黏腻的小成功 · 188

实验 33　想象一下 · 195

后记 · 201

致谢 · 203

推荐书目 · 205

索引 · 207

关于作者 · 217

导言

尽管在宝宝出生前你读过很多育儿书，看过无数育儿视频，或参加过许多育儿培训班，但待到那个小家伙降临后，总会有一个你不得不去面对的时刻。

你知道的。

首先，你的呼吸完全乱了，眼睛瞪得老大，心跳声从耳朵里传来，头上很快就能发现几根白发。你唯一能做的就是问自己："我现在究竟要做什么啊？"

当你不得不面对这个时刻的时候（如果这一切还未发生，相信我们——它总有一天会来的），你很容易怀疑自己也许并不具备做父母的所有条件。毕竟，你并不是真的了解怎么照顾宝宝才是最好的，你也不可能了解她[1]可爱的小脑瓜里在想什么。要不是尿片上的提示条，多数情况下你大概也无法得知是否要换尿片了。

然而，为什么理解我们的宝宝如此困难？有没有什么办法能让我们更好地了解他们呢？新晋父母们有没有可能不需要恐慌，

---

[1] 书中实验的宝宝以"她""他"的人称依次出现。

慌到连自己都巴不得变回妈妈肚子里？

这恰恰是本书——建立在理论研究的基础上——想帮助你发现的答案。

心理学家们研究人类大脑如何思考、学习和开发。长期以来，他们研究出如果父母们了解宝宝的所思所想，就会有更大的可能解决宝宝的需求——于是就能用最好的方式为宝宝提供他们想要的。他们也知道，清楚地了解宝宝的心理，并不像了解成人的那么简单。毕竟，新生儿还并不知道如何和我们沟通，因此我们没法询问他们正在想什么。即使蹒跚学步的宝宝们此时已经开始学说话了，我们也不愿多费时间讨论他们复杂的思维过程，而是把更多心思放在解读他们可爱的儿语上。<u>咪咪</u>？那是<u>妈妈</u>。<u>地拿阿</u>？那当然是<u>电脑</u>。

那么，这些研究者是如何知道宝宝的小脑瓜里到底在想些什么的？从你的中学科学课本中就可以得到答案：<u>实验</u>。

也许你们已记不清十二岁时使用的科学课本是什么，在这儿我们快速地提醒一下。一句话，实验就是一个精心设计的测试，这个测试用来支持或否定一个<u>假设</u>。什么是假设呢？基本上就是你在实验操作中，对你认为将要出现的结果做出的最好猜想。例如，许多七年级科学展上都会有一个项目：了解植物是如何生长的。你假设或猜想给植物施肥能让它长得更快，于是你就开始实验：在两个一样的花盆里种下两颗相同的种子，把花盆放在同一扇窗户下，每天为它们浇等量的水，唯一的区别就是你只给其中一盆施肥。几周后，你就能观察和测量到每株植物的生长速度，于是就能证明你的假设是对还是错。

（剧透一下：施肥的那株长得更快。）

长时间以来，实验帮助人们发现各种真相，比如小儿麻痹症的疗法、空间旅行的奥秘以及炸鸡和华夫饼一起吃味道好到爆这个惊人的事实。

同样，实验也能让我们了解儿童发展领域的一切。每一天，世界各地成千上万的研究者都在设计、操作实验，评估实验结果，从而让我们能了解宝宝思考的方式。尽管这些实验有时涉及精密的实验仪器、复杂的数据分析，但它们背后的基本原理实际上非常简单。

这就是写本书的主要原因：专业培训的研究者们多年来在儿童发展领域进行的多项实验，你若将其简化并付诸实践，就可以了解你的宝宝。实验可以教会你如何用最明智的方法和宝宝沟通，何时可以让宝宝看电视，以及你要避免使用哪些时兴的婴儿用品。本书所提供的实验都很方便快捷、易于操作，还能使我们了解宝宝在不同阶段的所思所想——毕竟，它们被专家使用验证过。现在，我们要将它们从实验室带到你的家里。

那些对此抱有怀疑态度的父母们，此刻大概会想："我不太理解这本书。我的意思是，在我可爱的'噗噗猴'身上做科学实验有点儿奇怪。"让我们来回应你的这句话。首先，"噗噗猴"是一个超级可爱的昵称，只要你的宝宝不反感，你可以一直这么叫。其次，在你的宝宝身上做实验一点儿都没错——而且这件事再自然不过了。其实当你开始思考如何养宝宝时，这整件事本身就是一个巨大的实验。

比如：

你或许留意到，宝宝尽管在很多方面都做得不错，但是晚上睡觉时每隔四十五分钟就会大哭大闹，把屋里所有人都吵醒。

于是你打算做个小实验，你花五十美元（约合人民币三百五十元）买了一条特制的毯子，将新生儿裹在里面，让他一点儿都动弹不得。瞧吧，他被牢牢地包裹成墨西哥卷饼的样子，安静地睡着了。这样至少持续了两个月，接着你发现，要是没抱着他一边一遍遍地遛圈儿一边摇晃或颠着身子，他绝对不会睡觉，最后你会是那个疲倦得瘫倒在地的人。于是你只好做其他实验，从老式家传摇椅到网上好评众多的新式吊椅，你用各种各样的方法测试，看看哪种办法能使你尽快逃离育婴房，快速回到电视前（而且不必腰酸背痛）。

每当你解决一个科学难题，另一个又会冒出来。怎么才能让他吃下婴儿玉米麦片糊糊（等再大点儿还能愿意吃蔬菜）？为什么他不能对代数作业多上点儿心？什么时候他能找个好女孩确定关系？为什么他和宝宝们不打 3D 全息电话给我？难道他不知道我想见孙子孙女了吗？

本书中的实验也许不能为你的每一个问题提供答案，但是相比其他教科书，它们能更好地帮你了解宝宝在想什么。你可以确确实实地亲身经历宝宝的心理变化，亲眼看到宝宝在特定年龄段表现出来的能力，而不仅仅是从书上读到这些知识。

本书的实验还有其他好处，那就是给你提供帮助。当然，它们能帮助你的宝宝，更重要的是它们也能帮助你。老实说，父母需要尽可能多的帮助，毕竟在宝宝们无比可爱的外表之下，他们将会不停地和你对着干——想出新办法来探索他们的极限，利用你的弱点,喝下超乎正常量的巧克力牛奶。今天他们拒绝午睡,明天他们就会将你逼入养老院。要是你一不注意,就会节节溃败、屡屡让步。

这就是为什么这些实验要让你在实践中汲取经验。

适当了解宝宝的心理,你就能重新处于上风,稳固你一家之主的地位。继续读下去,你就会知道怎么才能让宝宝的甜食摄取量减半,如何随时从他们手里夺回手机,甚至怎样在照看宝宝时为你多争取一些睡眠时间。你对宝宝的所思所想了解得越多,你越能在他们明显试图消耗你的精力之前做好充足的准备。

当这些麻烦事真正来临的时候,父母的处境就会变得艰难,让人备感压力和恐惧。但你要知道,关心则乱。要成为一个真正的好父母,拥有这些技能是必备的。

好吧,这就是本书要说的,也是你需要的。

☞ 关于权威博士和资深奶爸

在你郑重地做出决定,要把你的宝宝变成"实验室小白鼠"前,你并不想单枪匹马地作战。所幸在本书中,两位经验丰富、兼具同情心的向导将随时为你提供专业建议,协助你的研究和实验。

安贝尔·安科斯基是加利福尼亚大学洛杉矶分校发展心理学博士。作为研究者,她对上百位不同年龄的儿童进行过实验,她的研究主要集中在语言和认知发展领域。作为教授,她在本科及研究生阶段的课程中,向学生讲授人类如何更好地学习的奥秘,她的学生大多是学前教师、心理学研究者以及其他与儿童发展相关的职业工作者。除了教授学生儿童发展方面的理论知识，安贝尔也愿意分享实践育儿经验，帮助学生成为宝宝更好的父母、姑母、叔叔、祖父母以及人生榜样。

安迪·安科斯基是安贝尔的丈夫。他是一名广告撰稿人和创意总监，经常穿着T恤上班，成天写商业广告方案，从来没有系统地学习过心理学或儿童发展方面的知识。晚餐时，安贝尔总是和他分享许多自己工作中遇到的案例，而他总是拿这些事开玩笑。在这本书里他也是这么做的。

同时，安贝尔和安迪也为人父母，和你们一样蹲伏在代际战争的"战壕"里，随时准备迎战。他们有一个女儿和一个儿子。从女儿两岁起，每次想让她做什么，都要和她商量半天。（这样的对话常常出现："好吧，亲爱的。再给你三分钟你就要去睡觉了。""不行，我不要睡觉。"）他们的儿子九个月大，每次换尿片的时候他都把身体蜷起来，把自己变成一个巨大无比的、沾满大便的"曲奇饼"，弄得他们满手都是，无比难堪。即使这样，他们也发现对宝宝们进行书上的实验能加深对宝宝们的了解——而且也能和宝宝们玩得很开心。

☛ 关于实验

你即将穿上实验室里的白大褂，开始用搅拌棒"拨弄"你的宝宝。在此之前，有一些重要的事情你要牢记于心：

第一，不要用棍棒对付宝宝。我们没有任何一个实验会教你这样做，你怎么会有这样的想法呢？

第二，你没必要穿白大褂操作实验。但是你可以这么做，因为这会让整个实验过程变得欢乐、有趣。如果不介意的话，我们想说，你穿白大褂真好看。

第三（也是这部分最真挚的建议），这本书中的实验尝试用有趣的方式帮你了解你的宝宝们，而不是评判他们的成长。实验结果并不能告诉你，宝宝是天才还是发育迟缓。就算宝宝的行为不符合实验的既定结果，你也没必要生气。如果你还没开始一个实验就已经火冒三丈了，去开一瓶酒，给自己倒上一杯吧。

我们会等你平静下来。

正如我们所说的，你得出的结果不同会有很多原因。

首先，你需要牢记书中提及的年龄范围是<u>估算的</u>。不同儿童成长的速度区别很大，所以你的宝宝在数月前或是晚于预计的时间才表现出该有的行为是很正常的。同样，即使宝宝的行为根本就不符合预期的结果也不必担心，因为这些预期是对许多宝宝研究后得出的平均值，这本书中描述的一般儿童的状况并不适用于所有的个体，也就是说，宝宝的行为不是完全一致的。

另外，别忘记你的宝宝只是个<u>小孩子</u>，他的行为是无法预料的。比如某天宝宝表现出极强的画画天分，以至于你认为他就是下一个莫奈，可是隔天他就把大便拉到裤子上了。在这些实验中，宝宝的表现在大多数情况下会一直发生变化。

最后，如果你还是想刨根问底，了解实验为什么没有效果，那么让我们正视问题——你很可能弄错了方向。你大概最近正在遭受睡眠不足的困扰，再加上你已经酩酊大醉。老实说，快放下你的酒瓶吧！

第一年

恭喜，新晋父母们！祝贺你们！你们很快就要承担起更多责任，也要开始享受联邦税费减免的优惠，同时，成堆的垃圾将以难以想象的数量从你家运出。你还需要好好了解一下这个由你们带到世界上的小生命。于是，育婴房一布置完，就到了将其变成科学实验室的时候了，开始实验吧！

你的宝宝在生命中的第一年里将会变化巨大：一开始宝宝小得可怜，完全任你摆弄，一年后便长大些，能四处移动，让你有些手忙脚乱。刚开始他会无意识地大哭，这只是身体的条件反射，一年后他就会公然地用哭闹来达到他自己的目的。起初他看到什么都要放到嘴里尝尝，一年后他开始激烈地反对吃任何绿色的东西。

你的宝宝在如此迅速地成长着、变化着，你想要弄清楚宝宝成长的方方面面并不容易。

这就是为什么从头一年就开始做实验如此重要。它们能解释儿童运动能力如何发展，分析他在妈妈肚子里和降生后的感受，探究他快速开始认知周围世界的方法，这样你就能理解他的一举一动。

然而最神奇的是，通过实验，你将看到你的宝宝在头一年就表现出惊人的智慧。乍看之下，他什么都没做，只是待在那里，但是实际上他沉浸在周围的环境中，不断地在学习。因此，他已经不动声色地获得了足够多的知识，完全超出了你的想象。

这就是这一年中一系列实验的目的——虽然他还不能说话，无法向你炫耀，但这些实验将会向你展示宝宝掌握的所有出乎你意料的事。

实验 1

小旋律

你以为只能等宝宝出生后才可以开始做实验吗？请你再想想。第一个把你的宝宝变成"小白鼠"的机会正好在预产期之前。

通过这个实验，你会初步了解你腹中的小小胎儿是如何记事的。它也能让你有机会早早地开始培养亲子关系。没有谁愿意等到宝宝长大了再来和她培养感情。

年龄	能力测试
孕期最后三个月至一月龄	记忆

实验必备
- 孕肚。
- 你最喜爱的歌曲或儿童书籍。
- 淡然的心态，尤其当陌生人像看疯子一样看你的时候。

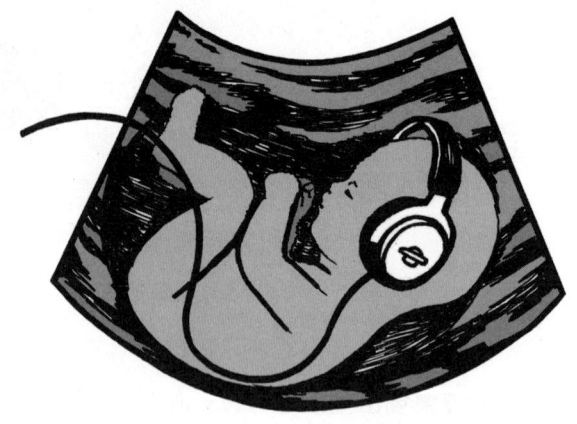

实验步骤

1. 孕期的最后三个月里,对着日益隆起的孕肚,大声朗读你最喜欢的儿童书籍或深情吟唱你最喜欢的歌曲。
2. 每日重复,只要心情允许,尽可能经常这么做,直到你那美丽的宝贝降生。
3. 在宝宝降生的大日子之后,解开宝宝的襁褓,把她放平,再次对着她读书或唱歌。
4. 观察宝宝的反应。

你已经准备好迎接宝宝的降生。恭喜!往后十五年,你的宝宝不会认真听你说的任何一个字。但是现在这个小家伙还被困在妈妈的子宫里,你的观众无处可逃。不管你说什么,或唱跑调多么离谱的歌,你的宝宝除了选择听,别的什么都做不了。倾听——然后记住——这正是她此刻所做的。

这是真的！怀孕七到九个月，宝宝的耳朵和其他感觉器官都发育完善，能听到妈妈肚子外面的声音。除了能听到正在发出的声音外，研究者在类似的实验中发现，新生儿也会记得这些声音。这些实验要求孕妈们每天对着她们的宝宝读相同的故事，连续读满六周，直至宝宝诞生。宝宝降生后，妈妈们对着他们有时读相似的故事，有时读新故事。宝宝们确实会对不同的故事做出不同的反应！

因此，如果你打算和宝宝一起唱一首歌，或者你希望讲一个特别的故事给她听，不要等到她出生以后——你可以从现在就开始。选择安静的时段，声音洪亮、发音清晰地将歌唱出来或把故事讲出来，而且一定要坚持重复多次。对着一个看不见的宝宝大声读书，或对着自己唱歌谣（尤其在商店购物或在车管所排队时，你突然想试试这个实验），你可能会觉得很难堪。但是你的宝宝会一直听着，她也将记得她所听过的这些歌和故事。只要单纯地去和还没出生的宝宝说话，你们就能在碰面前拥有一个联结彼此的共同经历，光这样想就觉得好神奇！

宝宝还在你的肚子里时，听到你挑选的故事或歌曲，会变得异常活跃，或翻滚、或踢腿，这一切你都能感受得到。后来，宝宝降生了，你再次给她唱起那首歌，就能看到她的反应。你唱歌的时候，她是不是格外兴奋、手舞足蹈？你讲故事时，她是抱着安抚玩具吮吸得更起劲儿，还是停下来专心聆听？

打个比方，我们的女儿的反应十分明显——即使在她出生前。那时，我们正盼望着第一个宝贝的降生，安迪经常给腹中的女儿唱《火车太太》这首歌，那是明日巨星合唱团的歌曲。随着音乐声响起，安贝尔肚子的起伏就明显可见了。后来，预产期过了，安贝尔还没生产，产科医生要求我们常去医院做胎心监护。

在那期间，我们要待在一间安静的房间里大约十五分钟，记录下宝宝的心电图，锯齿状的线条被打印在长长的纸卷上，不断延续。

有一次，我们决定自娱自乐一下，让安迪给宝宝唱那首熟悉的歌曲。他一开始唱，宝宝的心率——之前总是在一分钟一百三十到一百四十下之间稳定徘徊——一下子飙升到一百六十五下，胎心监护仪里打印出的那张纸上描画的小山丘，一下子变成了一座座高峰、峭壁和陡崖。我们吓坏了，安迪也不敢唱了。我们觉得自己做错事了，要惹麻烦了。这时，医生走了进来，仔细查看了监护仪的结果，我们都屏住了呼吸。然而，她说宝宝的心跳看起来棒极了。"尤其是这部分。"她边说边指了指那片峰状区域，就是安迪唱歌的时候打印出来的。医生接着解释道，她希望看到类似这样的宝宝心电图，因为这表示宝宝一直很活跃。医生一离开，安迪就又唱了起来，宝宝也随着歌声跳起舞来（我们只能从起伏较大的心电图做这样的推断，而且安贝尔也感觉到宝宝在重重地踢她）。

后来，女儿两周大的时候，我们让她躺在沙发上，安迪再次唱起熟悉的歌曲。她顿时竖起耳朵，表现得很兴奋，小手小脚在空中挥舞着。此时我们可以亲眼看到她之前在子宫里是如何做出反应的。

大部分人都认为，还没出生的宝宝不能真正算作"人"。我们总想知道他们的性别,该取什么名字,但我们认为他们不是真正的人类,还不能感知世界。然而,子宫里的宝宝已经忙着感知世界、练习技能了。她喝水、排尿、打嗝、大哭,与此同时,她一直都在倾听着周围的声音。

经过二十四周的孕育,她的听觉系统已经发育完全,她可以在子宫内听到世界的声音。你走在街上,她能听见汽车呼啸而过;她能听见收音机里播放着你最喜爱的音乐;晚上睡觉时,她能听见你打鼾的声音;每天她还能听见你说话的声音。这就是为什么你能很快地让你的宝宝安静下来,而别人不一定能做到——她出生之前就早已熟悉你的声音!

她也会熟悉她的母语发音。比如,在子宫中的宝宝要是听到的是英文,出生后就更容易捕捉到英语发音。就这样,子宫中的宝宝的听觉体验为她将来学习语言奠定了基础。

☞ 帮助宝宝的建议

你要是音乐爱好者,你大概已经打算给宝宝准备一场经典音乐盛宴——比如莫扎特、甲壳虫乐队、新街边男孩乐队。其实要促进宝宝的思维发展,选什么音乐无所谓,选择播放的方式更为重要。

你可以选择让宝宝被动地接触音乐(在你休闲、读书、吃东西或消磨时光的时候,打开立体声音响播放你喜欢的曲子),或主动与音乐互动(跟随音乐同宝宝一起互动,就着拍子唱歌、跳舞或演奏乐器)。当然,后者会让宝宝从音乐中获益更多。

针对音乐对两至六个月宝宝的影响的研究表明,经常主动参与音乐互动的宝宝——比如参加精心准备的音乐课或在家里进行类似音乐课的活动——会有很大的收获。他们不仅能更好地听音辨调,而且能较早开始使用更多的手势,这是宝宝说话前最重要的交流方式。亲子关系也会在这种主动的音乐互动中更好地建立起来。毕竟,午后一起唱歌、跳舞、玩耍很难不增进关系吧!

☛ 自助建议

你是否会担忧,宝宝出生几个月后将变得挑食?不用担心。宝宝在子宫里除了使用听觉之外还会用上其他感官,比如味觉。

羊水会因妈妈吃下去的食物而产生不同的味道。未出生的宝宝常常吞咽她周围的羊水,因此她也好好地品尝了一些妈妈吃下的食物。

研究者曾对孕晚期的准妈妈们做过实验,一组孕妇每天饮用胡萝卜汁,另一组孕妇只饮用水。结果证明,饮用胡萝卜汁的那组孕妇生出的宝宝在吃辅食时期,更喜欢吃胡萝卜。

因此,你怀孕期间吃的食物很重要,这可以决定你的宝宝将来的食物偏好。(饮食同样可以影响母乳的味道,因此母乳喂养期同样适用。)你要是想要宝宝在六岁时主动吃蔬菜,你自己现在就得开始吃蔬菜。你若是不能决定宝宝出生后是否母乳喂养,那就要三思了,母乳喂养的宝宝一般比配方奶喂养的宝宝更能接受新的食物,因为母乳比配方奶的味道更加多样。尽管妈妈吃下去的各种各样的食物,宝宝长大了才能吃,但配方奶味道单一,宝宝没法尝到将来会接触到的食物味道。

在此透露一下,我们的宝宝已经变成十足的巧克力狂热爱好者，可我们一点儿都不惊讶。

由于你在孕期与哺乳期吃的食物会影响你的宝宝，在这些婴幼儿发展阶段，请务必多吃健康的食物。这样不仅有益于你和宝宝的健康，而且它们的味道可以为将来宝宝的食物偏好奠定基础。开始养成健康的习惯，什么时候都不算晚！

实验 2

一张宝宝才会爱的面孔

宝宝终于降生了！如今，各种开心和兴奋随之而来：你缺乏睡眠，越来越不在乎自己穿什么衣服，甚至衣服上面沾满小家伙的口水、汗水。当然，还得招待纷至沓来的亲朋好友，他们都想看看新出生的宝宝。

这些前来祝福的人们会做什么呢？他们从摇篮的一侧注视着这个家庭的新成员——对着他做出各种愚蠢至极的鬼脸。

这是每个新生儿都要经历的奇怪现象，而接下来这个实验将让你了解如何将这个现象转变成一个学习过程——一个你和宝宝共同学习的过程。

年龄	能力测试
零至三周	学习能力，社交能力

实验必备

☛ 宝宝，醒着且刚饱餐完，注意力集中、心情平稳，没有大哭、要哭或刚哭完的迹象（这种状态的宝宝是罕见的、可遇不可求的传奇般的存在）。

☛ 控制你自己的表情的能力。

实验步骤

1. 正对着宝宝,让他能更好地看着你的脸——他应在光线好且距离较近的地方正视你。(记住,他的视力还不是太好。)

2. 慢慢伸出你的舌头,再收回去,重复这个动作二十秒左右。可能从小父母教导你,吐舌头是不礼貌的行为,与你的身份不符(也许你出身名门或来自规矩体面的知识分子家庭),你大可只张合嘴巴。

3. 接下来的二十秒种,什么都不做,只需看着宝宝。

4. 如果你和宝宝都觉得有意思的话,可重复步骤 2 和 3。

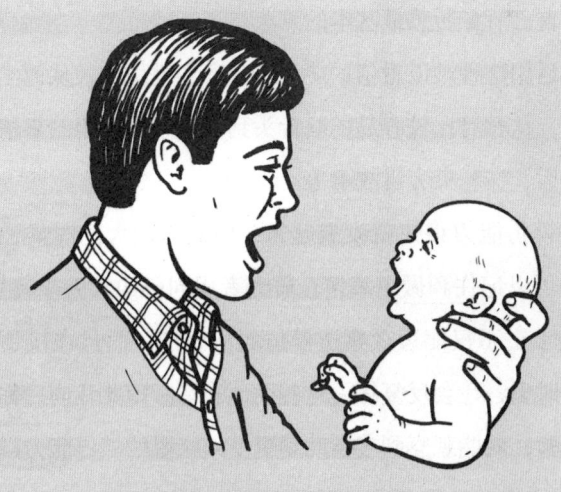

若一切按计划顺利进行的话,你极有可能注意到在你吐舌头或张开嘴的时候,宝宝也在照着做。很有意思,是吧?你的小家伙几天前才刚从温暖的子宫中用力地钻出来,在常人眼里,他只不过是一个小肉球,打着呼噜,时常犯困,身上还黏糊糊的。但实际上,他已经准备好开始玩他的第一个游戏——"西蒙说"(Simon Says)[1]。

新生儿来到这个世界之前,已经具备发育完备的感官系统,而且他在子宫中已不断练习。现在他出生了,随时准备开始解读这个喧嚣繁华的世界给他的感官信号。父母发送了大部分的信号,这就是为什么你穿过房间时,宝宝会四处寻找你的身影,还会跟着你的声音转。一闻到你的味道、感到你的触碰就积极回应,只要逮着机会就流着口水舔舔这里,舔舔那里。新生儿学到的第一件事就是观察你、模仿你——如这个实验所展示的——这是他传达自己所见所感最基本的方法。

宝宝运用这种难以置信的能力来观察和模仿你,从而学习更多的事情,从相对比较容易的吐舌头到更复杂且有用的事情,比如自己吃饭、在餐桌旁讲故事等。

他的模仿能力很快就发展起来,因此六周大的时候,你的宝宝已经可以记住和做出表情。研究者用同样的实验步骤发现,六周大的宝宝不仅能边观察边模仿面部表情,而且在接下来的二十四小时里,还会反复练习这些面部表情。因此几周后你再尝试这个实验,就能观察到宝宝此刻更令人叹服的学习能力以及长

---

[1] 一种听指令做动作的游戏,规则是发出指令前说"Simon Says",代表可以做这个动作,如指令前没有说"Simon Says",就不做此动作。

期记忆能力。

这个实验想表达什么呢？不要低估你的宝宝。你很容易认为宝宝太小，无法理解你的行为和言语。但实际上，他学习到的远比你认为的要多。

宝宝生来就有学习的基础，随时准备学习，因此请你务必随时准备教他！

☛ 帮助宝宝的建议

宝宝通过模仿来学习各种事情，包括如何与人相处。因此，提供正面的交际范本尤为重要。

众所周知，宝宝的出生给婚姻带来了不少压力。事情变多了，睡眠时间变少了，夫妻必须时刻互相扶持。在这样的情形下，矛盾一触即发。一旦有了宝宝，通过有效沟通来处理冲突变得更加重要。从某种程度上来说，因为宝宝是天然的模仿者，目睹夫妻矛盾冲突越多的宝宝将来也越会变得好斗。同时，他们将一直无法集中注意力，很难控制情绪，比普通人更容易沮丧和焦虑，健康问题频出，成绩差，情商低。

面对父母间的夫妻矛盾，仅六个月大的宝宝已经能够展现出负面的行为反应（比如看起来悲伤或更容易大哭）和生理反应（包括心率加快、血压升高、压力激素增加）。

为了保证积极且牢固的家庭关系，以下是一些简单的建议：

- ⊙ **彼此相亲相爱**。每天保持心情愉快且相亲相爱，夫妻感情就能和睦——细节很重要。即使你们吵架也要态度和善。说话前想清楚，避免说一些造成永久伤害的话。

◉ **假装直至成功。**研究表明，你微笑得越多，你就会越真实地感到开心。夫妻间的关系也是如此。多考虑对方，积极坦诚相待，你就会真的开始感受到双方关系越来越好。

◉ **不要相互否定。**在宝宝面前夫妻俩要统一阵线。一有机会，双方就要互相支持对方的决定。爸爸说不能看电视，妈妈也要这么说。反之亦然。

◉ **视对方为战友。**让我们面对现实吧，你们身在同一个父母"战壕"里，存亡与共。要给予对方足够多的尊重。

当然，有些矛盾是避不开的。但研究表明，要是宝宝确实看到你们在吵架，那么最重要的就是确保他也能看到<u>解决问题的办法</u>，消除这件事的负面影响。因此，即使你和你的伴侣秘密达成和解，最好也在宝宝面前重演一遍和解的过程——

除非你们吵架后习惯以做爱和解。

那还是别重演了！这样会留下<u>更严重</u>且难以消除的坏印象。

☛ 自助建议

你的宝宝一出生就会本能地想要模仿你。这是一个非常好的消息。你做什么他都会照葫芦画瓢，你做了傻事，他也照样跟着做一遍，因为他不知道还能怎么做。实验中的吐舌头只是一个开始。在你还没发觉前，你的宝宝就会在发怒的时候怒目圆睁，在好奇的时候眉毛上扬，打嗝、放屁、用嘴或胳肢窝发出不雅的声音，以及说出少儿不宜的言语，说唱一些脏话歌词，等等。如果你有<u>上述</u>这些行为，并在宝宝面前这么做，他也会学着做的。

很有启发性，不是吗？

实验 3

宝宝向前一小步

马驹子出生后一小时就能行走，鲨鱼宝宝出生后立刻就能游离母鲨。幸亏，大自然多给了我们人类父母一段时光，让我们准备好面对宝宝的第一次独立行走，那是多么令人欣喜、让人揪心的一幕啊！尽管在一年左右的时间里，你的宝宝都没法自己行走，但你可能会惊奇地发现，从降生起，她就已经具备行走的本能。

这个实验会让你亲眼看见新生儿的行走反应——远早于你所想象的，它早就存在于宝宝的身体中了。

年龄	能力测试
零至三个月	运动能力

实验必备

☞ 你的新生宝宝。

☞ 一个平坦、坚固的平面。

☞ 重力。

实验步骤

1. 抱起宝宝,这时她还没法抬头,身子软软的。把你的双手放在她的手臂下,稳固地支撑起她的小身体。
2. 抱着她,让她处于站立的姿势,好像她已经能够控制身体行走那样,别让她软下来,变成可爱的、软乎乎的一团,只看到尿片、娇嫩的皮肤和肥嘟嘟的身体——当然,她也确实如此。
3. 把宝宝放在平坦的桌面或地面上,脚轻轻触地。
4. 支撑着她沿着平面向前移动,仔细观察宝宝腿的动作。

你看到了吗？宝宝的脚正在干什么？她刚刚出生，离她自己迈出第一步还有好几个月，可是她已经能做出走路的动作了！难以置信，对吗？

这个走路的动作被称为"跨步反射"（stepping reflex），是宝宝生下来就具备的诸多条件反射之一。除此之外，新生儿天生还有吮吸反射、抓握反射。还有，挠她的脚底时，脚趾会不自觉地张开；触碰她的脸颊时，她会不自觉地转头并张嘴——"觅食反射"（rooting reflex）；传来突如其来的巨响时，她会受到惊吓；等等。你知道吗？如果爷爷怀抱着熟睡的可爱孙子，自己的脑袋也低垂着、昏昏欲睡，这时他俩中的一人——我们并没有责怪的意思——不小心发出巨大响声，爷孙俩同时惊醒，片刻间，他俩看上去神情基本一样：睡眼惺忪、一脸茫然，四处寻求安慰。你要是把这一幕录下来的话，一定能上热搜。

有意思的是，尽管跨步反射生而有之，但三个月后就自然消失了，直到一岁左右才会再次出现，到那时，它就成了宝宝身体动作的一部分，帮助她开始行走。那么，怎么解释这个消失的现象？难道宝宝突然忘记怎么做了吗？或是因为母乳喂养的妈妈突然开始喝酒、参加聚会了吗？回答是"不"，以及"可能吧，但即使她这么做，也和这件事没关系"。

其实，宝宝的跨步反射消失只是因为她日益变重的腿越来越难抬起。三个月左右大的宝宝已经有了一定重量，但是肌肉还不够有力，无法拉动这些增加的重量。要是你在宝宝大一点儿的时候想做这个实验的话，最好在跑步机上或是在水里做——这些地方可以减轻宝宝腿的重量——这样，你就会观察到跨步反射并未消失，而是一直存在！

因此，下次你带着六个月大的宝宝在健身房里运动，或是带着她在游泳池里玩耍时，记得仔细观察她的步伐哦！

☛ 帮助宝宝的建议

父母总是购置很多设备用品，希望能帮助宝宝成长，其中一样东西就是学步车。你知道的，学步车就是像船一样的大家伙，宝宝坐在里面划动她的脚，就可以满屋子转悠，跌跌撞撞地冲向周围用防撞条包裹的物体。学步车在很多方面是有优势的，比如你想冲个凉的时候，可以把宝宝放在里面。有了学步车，宝宝不会在厨房里翻箱倒柜，因为无论她怎么努力，学步车巨大的边框都会把她和柜子隔离开来，让她难以接近。但是有一样学步车做不到——那就是教你的宝宝走路。实际上，研究表明，与那些没有待在学步车里的小家伙相比，大部分时间待在学步车里的宝宝更晚学会走路。

要让宝宝学会走路（以及发展其他方面重要的运动技能），就要每天给她一些时间完成我们称之为"宝宝工作"（baby work）的事。她需要花时间自己躺在游戏垫上，和玩具一起玩，满屋子爬，从而练习她的运动技能，在没有父母的帮助下自己探索。父母陪伴宝宝说话和玩耍固然重要，让她自己做一些事也是不可或缺的。宝宝们应该积极探索周遭的世界，从而学习新知识——甚至是一些我们从来没想过教他们的事。在屋子里做好保护措施，放手让她去探索吧！

☞ 自助建议

即使宝宝的跨步反射让她已经知道该如何迈步,你也要让她实际地走两步——由你来辅助有点儿笨重的宝宝这样走上一段时间。为了不伤害你的背部肌肉,我们非常推荐用婴儿背带把小家伙绑在你的身上。

我们认为用婴儿背带大有益处。首先,宝宝在背带里会更加开心(事实上,研究表明,一天待在背带里一两个小时的宝宝更少哭)。背带还可以解放我们的双手,去做家务、购物以及陪大宝参加艺术课程。它甚至还可以让宝宝获得学习语言的机会。让宝宝坐在与你的视线平行的位置,听力距离适中,这样你就能更容易地为她介绍周围的事物——这有助于她学习新的词汇!

实验 4

弄乱的脸

新生宝宝的心思有时很难猜透。他是在对我笑吗？还是在对着墙笑？又或者他笑是因为他马上要在婴儿护理台上大尿一场？

这个实验将告诉你，即使你的宝宝此刻看到的每一样东西对他而言都是新鲜有趣的，他还是会本能地寻找更有意思的东西。

年龄	能力测试
零至四个月	社交能力

实验必备

☛ 将一幅画着普通面孔的图片和一幅画着弄乱五官面孔的图片放在一起（为了方便说明，这里会附上两幅图——不要说我们只是在纸上谈兵）。

> **实验步骤**
>
> 1. 将好奇的宝宝放进婴儿摇椅或是其他舒适安全的座位里。
> 2. 翻到书中这一章节里的两幅图,将它们直接摆到宝宝面前。
> 3. 仔细观察宝宝的眼睛,注意他的目光在哪幅图上停留的时间更久——普通面孔还是弄乱的面孔。

奇怪的是,宝宝盯着那张五官正常的脸比那张弄乱的脸更久。(我们的儿子会朝着那张正常的脸绽开大大的微笑。)

但为什么会这样呢?这两张脸在视觉效果上并无不同,同样大小,颜色一致,形状无二,都匀称悦目,能吸引宝宝的注意。事实上,你的宝宝更喜欢看那张没打乱的脸,表明在他的大脑里有一个根深蒂固的观念,即<u>人的面孔是独一无二的</u>。

确实如此。毕竟,人类是社交动物,和其他人交往十分重要。即使现在用表情符号或是如"LOL"(大笑)这样的网络语言也可以进行交流,但面对面看着对方,始终还是人们建立联结最有效的方式之一。

在家里,你照顾宝宝,让他吃饱穿暖,你抱着他,哄他入睡,你的面孔对他尤为重要——而且他深知这一点。从他出生第四天开始,他就能够准确认出你的脸。

此时婴儿的视力并没有发育成熟,但他能很快辨认并且表现出对某些面孔的偏好,这真是让人颇为惊叹。尽管婴儿的视觉神经在子宫内已完全长好,但在他出生之前,并没有机会"试机运行"。(毕竟,他在妈妈的肚子里时周围一片漆黑!)

因此,宝宝降生后,他的视力很差,只能看清靠近他的脸的物体,还必须是色彩鲜艳、对比明显的。

你花了整整六个月的时间仔细比对、挑选了洋蓟和芦笋格子花纹作为育婴房墙纸的图案(很显然你只会在生第一个宝宝时这么做,因为有了第二个宝宝之后你根本没有那个精力),但你很快发觉,由于颜色对比并不强烈,不能吸引宝宝的注意。你要是想引起他的注意,让他真正感兴趣,最好尝试在婴儿床或是护理台边上挂一些颜色鲜艳或黑白分明的画。

☛ 帮助宝宝的建议

的确,开始的时候,宝宝更容易看到黑白分明的画,但让他多看一些不同的东西也是很重要的。

调查显示,成天盯着周围的有限线条和形状的宝宝,长大后很难感知新的角度和形状。因此,由于你的宝宝肯定常盯着家里的墙和门窗看——这些基本都是横竖线条——请务必带他到户外饱览大自然母亲造就的蜿蜒曲折、迂回流转的风景。

你可以和宝宝一起看书,近距离玩拍手游戏,看远处的飞机,观察千奇百怪的树,甚至倒立,用全新的角度看看世界。这

些都可以启发你的宝宝，丰富他们的视觉体验，增强他们的视觉机能。

☞ 自助建议

下次，如果你的小宝宝没缘由地撒泼胡闹、哭个不停，而原因既不是饿了困了，也不是需要换尿片，这时，可以试试拿一本满是宝宝笑脸的纸板书摊开放在他面前。这些可爱的小鼻子、小眼睛、小嘴巴（你已经知道他在对这些着迷了）可以让宝宝和你从哭闹中挤出求之不得的休息时间。

实验 5

单腿举高高

父母总想把最好的给孩子。你会告诉他们生活要先脚踏实地，而后伸手摘星、追求梦想，这样才可以实现自己的人生理想。

可是与上述情况<u>正好相反</u>，这个实验所展现的是，宝宝并不一定是用脚站立，用手抓取。

年龄	能力测试
二至五个月	运动技能

实验必备
- 一个宝宝感兴趣的玩具——最好玩具上有上百种不同的颜色和炫酷的图案，可以疯狂地嘎吱作响、摇来晃去。
- 大约八立方英尺[1]的开放空间（真糟糕，纽约城里高层公寓的住户不大容易实现）。

1　约合 0.23 立方米。

实验步骤

1. 将宝宝放平或让他斜倚着,他可以随意舞动小手和小脚。
2. 将选好的玩具放在他的腿上方,停留在他刚好可以用脚碰到的位置。
3. 测一下宝宝抬腿去碰玩具需要多少秒。
4. 再把玩具放在宝宝的胸部上方,即刚好用手可以够到的位置。
5. 测一下宝宝伸手去碰玩具需要多少秒。

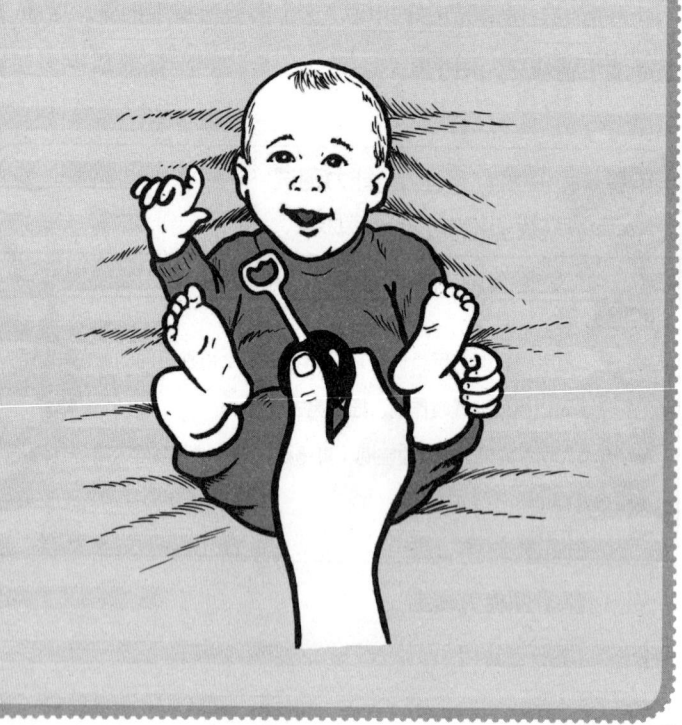

你注意到了吗？你的宝宝是不是更擅于用脚呢？

与大多数同龄宝宝一样，你的宝宝用脚够到玩具的时间很可能比用手短。实际上，他可能根本没法用手够到玩具。

虽然这个想法对于像我们这样喜欢用手的成年人来说可能很奇怪，但是你的宝宝可以用脚完成的事远远多于可以用手完成的，比如用脚指点、够东西或触碰。为什么呢？因为前者对他们来说更容易。

在大多数情况下，我们的手和胳膊能够在较大范围内活动，能做各种事情。你可以转动肩膀、弯曲肘部、转动手腕、反折手指等，做各种动作，这样你就可以够到任何地方，取到你想要的东西（当然，除了此刻后背中间那一点确实很痒，你要去挠之外）。

但婴儿的上半身很难有这样惊人的灵活性，因为他们需要很长时间才能掌握这些动作、做到这么灵活。相反，你的下半身——除非你在马戏团里进行柔术表演——并不那么灵活。你的腿只能往前迈或往后退，还有往两旁移动，仅此而已。

因此，对于刚从妈妈肚子里出来的宝宝来说，掌握下半身的运动要容易得多。

☛ **帮助宝宝的建议**

就算你的宝宝现在更喜欢用脚，他的手部机能也会迅速发展起来，很快，他就能很娴熟地伸长手臂去够东西了。到时候，只要用手能够到，他就能拿到你留在他身边的所有东西，而且很迅速、不动声色。

接下来，他极有可能会把东西塞进嘴里。

所以，要是你还没有细心地排查家里的危险区域、做好防护工作的话，现在大概是做保护措施的最好时机。

我们的宝宝萨米出生没多久时，安迪正准备做饭，他就把女儿放在了离他很近的地方。

他让她坐好后，两人便很开心地边聊边干活。这时，安贝尔走进房间，只看了一眼就把她吓坏了。原来安迪让萨米坐在宝宝椅里的位置正对着灶台，而她的两边竟分别放着一套刀具和一个通电插座。

真的，我们没有夸张。

假如你不清楚这样的场景有多糟糕——宝宝椅放在灶台旁，靠近异常尖锐的厨具，伸手可触的就是电源插座，你最好像安迪一样重新复习一遍婴儿安全指南。

问题是危险无处不在，疏于考虑的话就极易出纰漏（尤其对于临时抱佛脚、睡眠严重不足、状态极其不好的新父母而言）。因此，务必格外小心，确保宝宝周围安全无虞，这样他才能自由地探索以提升能力。

你的宝宝有多活跃，家里的防护措施就要多严密，你看护宝宝就要多用心。用心看着他的每一个举动，仔细筛查家里的危险死角，同时切忌过度担忧、疑神疑鬼。下面提供了一些婴儿防护的重要事宜，当然，你要做的不仅仅是这些。还有人是专门靠安装儿童防护设施谋生的，可想而知安全这件事有多重要。

- 电器插座上要使用插头保护盖。
- 将危险物体（如清洁剂、杀虫剂等）放在指定的区域，放进上锁的橱柜里，禁止宝宝接近。

⊙ 用宝宝安全门限制宝宝靠近楼梯或其他危险的区域。

⊙ 对宝宝进行安全教育。和刚会爬的宝宝解释为什么他要避开炉灶，这件事听起来有点儿愚蠢，但是他能理解的远比你认为的多且快，这样的安全知识可能会阻止一场严重的事故。

⊙ 多翻阅书籍和查阅线上资源，了解更多儿童安全和防护的知识。

☞ 自助建议

家里都做好防护措施了？太好了。现在把你的脸也防护起来吧。

宝宝总是在好奇地拨弄着，没轻重地试探着，用力扯你的耳环、戳你的眼睛、按你的鼻子。所以现在就开始练习头部如何闪躲，如何眯起眼睛保护自己吧。要想知道更多关于如何避免宝宝用力抓掐你的敏感身体部位的方法，建议先观看一些"活宝三人组"（The Three Stooges）的电影，再好好地享受和宝宝的欢乐时光。

实验 6

宝宝厌烦了

说起来也没过多久。那时你还没长大,身子单薄,总是情绪激动地尖声向父母抱怨:"爸,妈,我好——无聊!"好好抱抱自己吧,因为短短几年之后,相同的场景也会发生在你身上。

但是眼下——正如这个实验将展示的——观察宝宝感到厌烦的过程,并不会让你徒增烦恼,反而会让你了解宝宝的想法。

年龄	能力测试
二至八个月	学习能力

实验必备

☞ 两个玩具,宝宝对它们有少许兴趣,但热情不高。

正确范例:一个玩具宝宝奶瓶,一块单色积木,或一台老旧的、不会响的手机,你不会也不好意思在公众场合使用它。

错误范例:一台新型触屏智能手机。宝宝很容易被它吸引,而且生来就无师自通地知道怎么操作它。一只小仓鼠也不行。

> **实验步骤**
>
> 1. 选一个玩具，举到宝宝前方，让她盯着玩具看。测一下宝宝可以目不转睛地盯着玩具坚持几秒。
> 2. 她一转头不看玩具，马上就用这个玩具再次吸引她注意。这次再观测她会盯着玩具看几秒。
> 3. 一直重复步骤1和步骤2，直到你的宝宝在玩具上的注意力只能持续两至三秒。
> 4. 放下第一个玩具，马上拿起第二个玩具举到宝宝面前。测一下她盯着新玩具持续看几秒。

那么，宝宝为什么会这样？要是你只是满足于知道，宝宝对第一个玩具极度厌烦后会突然对第二个玩具兴趣高涨的话，你只是了解了一点点宝宝的心理。

一般而言，你的宝宝只会看那些她感兴趣的东西。你先给她看第一个玩具，她已经盯了许久，获取了所有她想要的信息——形状、颜色、质地、明暗，还有它能吸收多少自己的口水等。虽然你继续强迫宝宝看着这个玩具，但她获取的新信息越来越少，于是她将头转开，一次比一次快。从习惯到厌烦一件东西，这整个过程被称为"适应性"（habituation）。当你的宝宝对第一个玩具的兴趣减退时，可以说她已经"适应"了这个玩具。当你拿起第二个玩具给她时，你的宝宝"失去了之前的适应"——大量的新信息让她集中注意力，又能持续地盯一会儿第二个玩具了。

关于适应,最神奇的事就是它能帮你了解宝宝知道什么信息——或她不知道什么信息——虽然现在她不能说话,无法亲口告诉你。

比如,你给宝宝看一系列狗的图片——一只接着一只,又一只——最终她适应了这些图,不会在任何一幅有狗的图片上再浪费一秒钟。那么,此刻你要是给她一张猫的图片,会发生什么呢?要是你的宝宝盯着这张图看很久的话,可以推断出她正在花时间思索图上的动物有什么新特征,从而她就了解到了狗和猫的区别。但是,如果猫的图片没有引起她的兴趣,你就可以知道她还无法区分这两种动物。正所谓一幅图胜过千言万语,宝宝的注视传达的信息远远多于她能表达的。

适应行为甚至也可以预示宝宝将来的语言能力和智商水平。宝宝如果很容易对东西感到厌烦,她有可能将来会得多动症,学校老师给出的评语也可能多为"上课无法集中注意力"之类的。这种判断虽然有一定道理,但快速的适应能力也确实和宝宝身上的积极品质相关。宝宝适应事物时,她会留意且记住这件东西的重要属性。换言之,她能学会认识这些事物。而快速适应和学习的能力将预示着你的宝宝未来可期。

但可惜的是,所有的父母都期望我们能提供一个标准——宝宝花多长时间适应新事物,才会被认为是天才?但这个数据并不存在,只有一个平均值。更快适应的宝宝一岁时会理解更多的词汇,智商也更高。

☛ 帮助宝宝的建议

这个实验告诉我们一个简单的道理：宝宝很容易对他们的玩具感到厌烦。就短期而言，这个实验告诉你，要让你的小可爱乖乖地待在餐馆里吃完一顿饭，就要准备不止一件玩具逗她开心。长期而言，这个实验表明，要让宝宝们多接触不同的玩具，参加不同的活动，这样可以促进宝宝思维能力的发展，让他们拥有一个健康的大脑。

通过小白鼠的实验，研究者进一步证明了认知发展需要一个充满刺激的环境。被关在玩具笼里的小白鼠，通过探索玩具变得聪明得多——大脑容积更大，功能更发达，而关在普通笼里的小白鼠则不然。然而，在小白鼠只接触一种玩具的情况下，玩具的作用也就不大了。

宝宝大脑的发育也是如此。宝宝们需要处在一个充满刺激的环境里，里面有各种有趣的东西供他们探索。如果她重复玩同一种玩具，进行一成不变的活动，获取信息就有限，幸福感就会降低。因此，试着为宝宝隔段时间就换一批玩具吧（与其他有宝宝的朋友交换玩具可以让玩具常玩常新！），并让她听不同类型的音乐，进行各种艺术创作，探索新的玩耍空间。

☛ 自助建议

下次你的宝宝凌晨四点醒来时（你的另一半决定让你起来陪她一起玩），就让这种适应训练帮帮你吧。

小家伙此时极其兴奋，眼睛发亮、精神充沛，而你知道她很快会对放在面前的任何玩具感到厌烦。这时的你虽然睡眼蒙眬、困意十足，还是应该拿上所有玩具，堆成一堆，让宝宝面对这堆玩具，自己躺在宝宝和玩具中间。先递给她一两个玩具，一会儿她就会开始哼哼，似乎在说"嘿，老兄。我已经厌烦这些玩具了"。这时你仅需抓起一个新玩具，放到她面前。只要稍加练习，掌握一些摆放玩具的技巧，你就可以在整个哄宝宝的过程中舒服地打个盹儿，而你的另一半完全不用知道你是怎么做到的。

疯狂运动力

实验 7

从宝宝降生至今，这么短的时间内，他还没做过多少事。他既没爬过，也没走过，更别提和你聊聊今天过得怎么样了。他还没吃过除液体或糊状物之外的食物。他还没自己上过厕所，还有——很抱歉触到你的痛处——他或许还没有一觉睡到天亮过。

即使你还没能看到他达到以上任何一个重要阶段，你都应该清楚，他正在努力学习这些技能，最终会完全掌握它们——而这样的学习过程随时都在发生。

这个实验可以让你观察宝宝如何学习一项新技能，从而了解他是如何在现实生活中学习的。

年龄	能力测试
三至六个月	学习能力，记忆能力

实验必备
- 一个很轻的风铃，宝宝也可轻易移动的那种（要是找不到类似的物体，可依照第 40 页的步骤制作一个）。
- 一根长丝带。
- 一些胶带。
- 一个计时器或秒表。
- 纸和笔。

实验步骤

☛ **第一天**

1. 将风铃挂在婴儿床上、摇篮上或其他地方,让你的宝宝愿意躺在那里玩一会儿。
2. 将丝带的一端绑在风铃上,系紧以防滑落,让丝带朝婴儿床方向垂下。至少应该有四到五英寸[1]长的丝带垂在下面。
3. 让宝宝躺在风铃下面,清楚地看到它。
4. 将计时器定时一分钟,数一数宝宝看着风铃踢腿的次数,并且记录下来。
5. 轻轻地将丝带垂落的一端系在宝宝的脚踝上,确保系牢,这样他每次踢腿都会牵动丝带那端的风铃;但要确保丝带没有绷紧,否则他的脚即使没动也会拉动风铃。
6. 让宝宝的脚连着风铃保持十分钟左右。
7. 十分钟后,将计时器再设置一分钟,再数一数他这次踢腿的次数,并记录下来。
8. 将风铃取下,留作他日使用。

你的宝宝已经学会一些东西了,你看见了吗?

你第一次让他躺在那里时,宝宝就发现了悬在头上的风铃,会稍微手舞足蹈一阵。这没什么大不了的。但是在你把丝带系到宝宝脚上之后,变化出现了。他开始留意到,每次他一踢腿,头

---

[1] 约合 10 厘米至 12 厘米。

上的风铃就会动!

这时,宝宝还不能控制生活中的任何物体,因此这种变化会让他兴奋不已。你甚至可以观察到他面部表情的变化——眼睛瞪得更大了,更专注地盯着那个风铃。接着他开始踢得更使劲、更快,而且踢腿也更频繁。

即使你错过了这些当场的变化,只要你把实验前后记录的数据进行对比,你应该马上能发觉到不同。第二次的数据很有可能远远高于第一次的。

很神奇,对吧?

宝宝通过这些了解到他能控制物体,他也喜欢这么做。现在,让我们看看宝宝能记住多少他所学过的东西吧。

实验步骤

☞ **第二天**

1. 将风铃挂在和第一天相同的位置上。
2. 让宝宝平躺在同一位置上,但是不要在他的脚踝上绑丝带。
3. 计时一分钟,数数他踢腿的次数。

自宝宝知道他一踢腿风铃就会动已经过去整整一天了。今天你并没有把丝带绑在他的脚上,但是你会看见什么呢?

假设你这次计算的踢腿次数依然比第一次记录的多的话,这表明你的宝宝不仅在学习新技能,而且一段时间过去了,他也能记住这个新技能。

这段时间，你的宝宝似乎什么都没做（除了每次你让他做俯卧训练时，他感到不舒服会大声哭闹外），但是他确实能够学习新事物、记住新技能。事实上，你要是连续几天，每天一次重复实验中"第二天"的步骤，他踢腿的次数就会越来越多，这说明他每次都更好地巩固了这项新技能。

有没有可能，踢腿的次数不会增加呢？有，当环境发生变化的时候。

相似的研究表明，只要改变环境或物体，虽然之前他学习到了新本领，但环境的改变会对他的记忆产生消极影响。所以如果你在重复"第二天"步骤的时候换一个不同的风铃，或是在他的小床上铺一张颜色鲜艳的毯子，把床的周围也围起来，那么他很可能会减少踢腿的次数。

我们常常认为学习是一个直接的过程——你学什么就能了解什么。但学习环境确实会影响我们应用新技能的能力，甚至一点儿细微的变化也会造成很大的区别。

在这一点上，成人也是如此。

曾经有一个实验，测试大学生在一堂课上能记下多少学习内容。所有的学生都在相同的教室里学习，但测试时，一半学生继续待在原来的教室里，而另一半学生被带到另一间教室。结果证明环境确实很重要——在原来教室里测试的学生分数要高得多。

☞ **帮助宝宝的建议**

宝宝对周围环境的细微变化尤其敏感。就像实验里所看到的，当风铃或者小床发生变化时，宝宝就很难记起他学到的技能。其他研究也表明，学龄前儿童在学习物体名称时，要是放置物体的桌布（如，带小鱼图案的蓝色桌布）换成了另一个（如，带黄色正方形的红色桌布），他们就很难记起这个物体叫什么了。这看起来很让人费解，因为下面的桌布和放置在上面的物体叫什么一点儿关系都没有。

你可以帮宝宝克服这个困难，在不同的环境中教他同样的知识技能，让他在各种背景下都能记住。同样，要让那些学龄前儿童取得实质性的进步，让他们能够在更换桌布的情况下也记得物体的名称，就要在他们学习物体名称时把物体放在不同的桌布上进行教学，而不是一直用同一块桌布。

这表明多场合教学能帮助宝宝减少对周围环境的依赖。比如，学习"叉子"这个词，不仅在厨房里吃饭时可以教宝宝这个词，在其他看得见叉子的场合都可以提起，像在餐馆、商店、书上，或你和家人们在农场捆扎干草时也可以。这样，他就能很快想起这个词（同时他也能帮你叉起一些干草）。

和宝宝在一起的时候，要记着环境很重要。在餐馆里等餐、超市里排队结账时，你都可以考他几个词语，而不仅仅是在"学习时间"才让宝宝去学。这样日积月累，长大了他就可能在考试中轻松拿高分！

☞ 自助建议

因为宝宝能长时间学习和记忆信息，因此大多数宝宝在他们五个月左右时就能知道自己的名字。六七个月大时，他们就能知道"妈妈"或"爸爸"这个词是在叫你。

要是不想等那么久呢？

也许你急切地渴望从宝宝嘴里听到他第一次叫"妈妈"或"爸爸"——或者你确实很希望宝宝先喊你而不是你的另一半——请不要像傻瓜一样俯身凑到宝宝跟前，一直不停地说"叫'妈妈'！叫'妈妈'！"。

在不同的场合教他吧。

"好的，宝宝，<u>妈妈</u>马上来喂你。""嘿，小可爱！<u>妈妈</u>在房间这头朝你招手呢！""甜心，瞧瞧这本图画书，这不是你最喜欢的吗？每一页上都有什么？怎么会有一堆照片？一共八十张，原来都是<u>妈妈</u>啊！""宝贝，你一定想看我的手机吧，看看这个视频，<u>妈妈</u>一直在重复地教你说'<u>妈妈</u>'！"

多玩一些这样的小把戏，宝宝绝不可能先喊<u>爸爸</u>。

简易风铃制作

你要是像玛莎·斯图尔特[1]那样心灵手巧，你制作的风铃一定精美好看。现在我们来看看：一块颜色雅致的纸板，若干丝带和蝴蝶结——这些都是你可以买到的，还有一系列保持平衡用的横杆，旋转的时候能让人看到滑稽可笑的画面：鸸鹋和河马在杜鹃花丛里嬉戏……

---

[1] 玛莎·斯图尔特，美国著名专栏作家，出版著名家居顾问杂志《玛莎生活》并执导、主持同名电视节目。

对你们来说，这个风铃可能看起来很奇怪。但相信我们，因为我们就这样做了一个。

尽管你一直将横杆水平地摆着，试图让它们保持平衡，但总是事与愿违。不管你如何小心翼翼地用胶布粘，它看起来还是没那么平整。你制作的东西永远不可能出现在《精巧父母手工制作》杂志的封面上。但幸亏没有那个必要，只要你制作的风铃足够有趣，宝宝可以轻易摇动它，就完全符合实验要求。

完工的风铃大概会像这样：

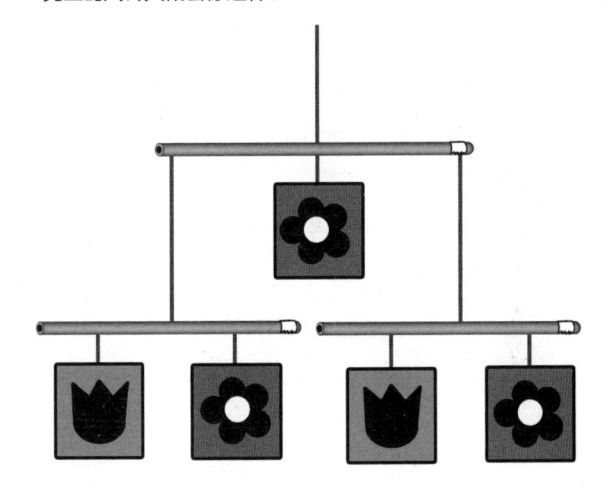

制作材料

☞ 三支没有削过的铅笔（不要用尖锐的东西，以防悬挂物掉落）

☞ 丝带

☞ 胶带

☞ 一叠卡片

☞ 打孔器

☞ 剪刀

制作指南

1. 将三条丝带系到其中一支铅笔上：长的那条系在铅笔中间，短的两条系在两端。整个风铃的重量挂在中间那条丝带上，其他两支铅笔则由另两条丝带吊挂着。

2. 将第一支铅笔两端的丝带稳当地系在另两支铅笔的中部。丝带要系得松紧适当，保证所有铅笔平衡地悬挂。

3. 制作五张纸板图样挂在铅笔上。我们当时用了简单的黑色正方形，让大女儿在上面装饰了一些贴纸。只要风铃看起来有意思，什么形状和图样的纸板都没关系。

4. 用打孔器在你的纸板上开孔，让丝带从孔里穿过吊起纸板。

5. 将纸板用短丝带系起来，一张悬挂在顶部铅笔的中部，其他两支铅笔两端各挂一张。

6. 系丝带的地方都用胶带固定。毕竟，当宝宝开始疯狂拉扯风铃时，你总不希望它们掉下来吧！

实验 8

摇摇晃晃的宝宝

和谁一起出去玩更有趣：宝宝还是醉汉？很难决定吧？

多亏这个实验，你不需要再纠结了。一方面，宝宝的可爱难以抗拒；另一方面，他们摇摇晃晃、晕晕乎乎、兴奋不已的样子，像极了那些总是泡在派对上的人。研究他们，有可能是你从科学中得到的最大快乐。

当然，这个实验对宝宝也是益处良多。

年龄	能力测试
三至十二个月	运动能力

实验必备

☛ 你的宝宝。

☛ 一把办公椅或其他可以不停旋转的椅子。

☛ 一个呕吐袋（当你受不了不停地转圈时使用）。

实验步骤

1. 坐在旋转椅上,把宝宝抱到你的膝盖上,脸朝前。
2. 向左快速旋转椅子,回到原点时突然停下。
3. 等待三十秒,接着再向左旋转(然后再突然停下)。
4. 重复步骤 2 和 3,但这次向右旋转椅子。
5. 让宝宝靠左侧躺在你的腿上,重复步骤 2 到 4,让欢乐时光继续;接着让她靠右侧躺下,再重复相同的步骤。

宝宝喜不喜欢这个实验呢？

要是她和大多数同龄宝宝一样，她一定超爱这个游戏。宝宝们喜欢被挤来撞去——不管是旋转、摇晃、颠晃、摆荡还是扔来扔去。因为宝宝一生下来就有十分发达的前庭系统（vestibular system），即内耳中感知身体的运动和平衡的器官系统。不管是像婴儿一样蜷坐在旋转椅上，还是像人们在大学派对上从三层楼高的啤酒管里喝纳缇啤酒，前庭系统紊乱的状况会导致方向感迷失并伴随眩晕的感觉。

也可以说，这样很有趣。

但和宝宝做这个实验不仅仅是为了好玩而已。研究者发现，刻意用这种方式刺激宝宝的前庭系统，对他们的反射系统和运动技能的发展大有益处。一项研究表明，婴儿连续四周，每周旋转四次，他的运动能力发展会突飞猛进，比其他没这么做的同龄儿童能更早完成一些阶段性的动作，如坐、爬、站、走。

要是你是个富于进取心的家长，已经决定让你刚出生的宝宝在十八年后获得多项全能篮球奖学金，现在就有了一个办法让你的宝宝赢在起跑线上。

即使你并没有为宝宝设定这样具体而远大的目标，你也可以在许多场合重复这个实验，长期观察它对宝宝的影响。宝宝在三到十二个月大之间，你都可以随时开始旋转实验——但请记住，越早开始，给宝宝带来的潜在好处就越大。为了发挥最好的效果，可以尝试连续四周，每周重复四次所有的步骤，一共十六组。

☞ 帮助宝宝的建议

激发前庭系统还有其他的好处：安抚你的宝宝。

想想看吧。你的小天使正哭得上气不接下气，怎么才能最快让她得到满足且安静下来呢？当然，你会抱起她，拍拍后背，在房间里边走边晃着她。

这个办法总是很有效，因为摇晃、颠晃就是在刺激前庭系统。研究发现，这种刺激对于宝宝来说极具安抚性——事实上，这比单纯抚摸她或用平和的声音和她说话更能令她舒适。到六至八个月大时，许多宝宝甚至通过自己摇晃、蹦跳、摆动或者撞头来寻求自我安抚。这种情况下，她一点儿事都没有，可一旦你放下所有东西，冲过去抱起她，她就会大哭大闹，简直成为一种折磨（尽管感觉是这样的）。她其实只是需要你晃晃她来获得一些安慰。

☞ 自助建议

尽管宝宝可以坐在旋转椅上一整天愉快地旋转，可是你大概不想持续太久，需要休息，因为前庭系统的功能会随着年龄衰退——人们年纪越大越害怕晕动症，会感觉恶心。但好消息是，你还没有那么老。现在好好享受这个实验吧，你应该不会愿意将来带着你的孙辈做的。

实验 9

现在宝宝看到了
······

有宝宝实在是太棒了,原因多种多样,其中较重要的是,在宝宝眼里的你显得超级厉害。

对宝宝来说,你非常高大、极其强壮,还能回答他提出的任何问题。等做完这个实验,你在父母履历上又可以多加一条"不可思议的魔术师"。

年龄	能力测试
七至九个月	解决问题的能力

实验必备
- 一块平整的地面。
- 一块口水巾。
- 一个小玩具,可以放置在地面上且口水巾能轻易将其遮住。
- 不需要真正的魔术技巧。

实验步骤

1. 将口水巾平铺在宝宝面前的地上，让他可以轻易够到。
2. 给宝宝看准备好的玩具，让他对其产生兴趣。为了吸引他的注意，你甚至可以让他拿着玩具一两秒钟。
3. 告诉自己你并不是一个真正的魔术师，现在也不想成为魔术师。
4. 宝宝正看着你，你这时一点儿都不需要隐瞒自己正在做的事。拿起玩具，将它放到口水巾下面。藏玩具的口水巾一定会高高鼓起。
5. 看看你的宝宝会做什么。

这个实验的结果大致有两种。

要是宝宝完全搞不懂"玩具消失"是怎么回事，他也根本没想揭开口水巾看个究竟，那么恭喜你，你将成为家里的魔术师胡迪尼[1]。

---
[1] 哈里·胡迪尼，匈牙利裔美国魔术师，享誉国际的脱逃艺术家，以魔术方法戳穿所谓"通灵术"的反伪科学先驱。

为什么这个并不复杂的小伎俩可以骗到小宝宝？道理其实很简单——他们还没有掌握"物体恒存"（object permanence）概念。"物体恒存"只是故作深奥的心理学名词，就是指你知道东西是永恒稳固的，即使你看不到，它也存在着。

宝宝通常要到八个月大才能掌握这一概念。一旦他们了解了，这个小伎俩就完全失效了。在宝宝知道看不见东西不代表它们从地球表面消失了之后，他就能轻易找到你藏在口水巾下的玩具——下一次，球滚到沙发下他也能找到。

儿童发育专家从研究中了解到，宝宝大概可以理解物体恒存概念（至少了解一点儿）的时间，远远早于这项实验中宝宝能展示的对此概念的理解的时间。一项实验表明，对于六个月大的宝宝，只要父母马上让他们去找，他们就能找回藏着的玩具，可是时间一长就找不到了。另一个精妙设计的实验是让三个月大的宝宝看着一只兔子玩具在舞台上跑来跑去，然后跑到一扇带窗户的屏风后面。兔子玩具藏到窗户后，就好像消失了一样。这时宝宝们很惊讶，这表明他们知道兔子本不该消失。

（顺便提一句，我们本该将兔子玩具实验也写进这本书中，但它涉及构建一个复杂的装置，还需要让你的宝宝待在那里一段时间不能动，盯着兔子玩具。考虑到你还在尝试给宝宝换尿片时能让他不乱动，做那个实验并不容易。）

☛ **帮助宝宝的建议**

你的宝宝生来就充满好奇心，兴致勃勃地探索周遭的世界。他总是打量着周围，从中学习关于世界的重要知识，其中就包括物体恒存概念。这就是为什么你要为宝宝选择特定的成长环境，这个很重要。

考虑到他所看到的、听到的都可能影响他的学习能力，是否让宝宝看电视以及什么时候开始让他看电视就十分重要了。

作为父母，我们并不认为电视是不好的。事实上，我们家的"电影之夜"是一个很珍贵的传统。但是作为父母，要特别谨慎地处理电视的问题。

原因如下：

电视妨碍儿童的学习主要有两方面。首先，它阻止宝宝进行体验式的游戏，而这类游戏对他们的认知发展举足轻重。正如你坐到电视前，大脑就不主动思考了一样，你的宝宝也是如此（在电视大屏幕前的宝宝嘴张大、眼睛无神，这些都能说明问题）。你也许认为电视只不过在那里随意地播放着，可对于宝宝极具吸引力。很快，在电视机前他就昏头昏脑，所有积极的大脑探索活动都停止了。

而电视最大的危险是，它阻碍你和宝宝的交流。宝宝和你的互动才是促进宝宝语言发展和认知发展的最重要方式，在这方面，电视对宝宝来说危害极大。他们从电视上学习到的知识远远不如和你说话来得多。多项研究对宝宝从真人和从电视上学习到的知识和能力进行对比——真人总是获胜。一对一互动是独特的，电视无法相提并论。（确实，甚至连"教育电视节目"也不能取代你的作用。）

因此下次你要开电视时，请三思而后行。想一想，你还不如用这些时间和宝宝聊天、玩耍，或者阅读，这总好过你们都昏昏沉沉地待在电视前。

☛ 自助建议

宝宝不仅能了解到物体是稳固、恒久的,还能知道你也一样。你出去工作,或只是走出房间倒杯可口的"爸妈热饮"时,他知道你并没有消失,只是去了其他地方,而且要你回来——立刻回来!

因此,要是宝宝黏着你,让你无法脱身,请不要惊讶。宝宝的认知发展进步的同时伴随着他对你的依赖日益增加。希望这样短时间的分离焦虑不会对你或宝宝造成伤害。

要是觉得受不了,再来一杯"爸妈热饮"安慰一下自己吧。

实验 10

……现在宝宝找不到

你的宝宝每天都在学习新知识,但这并不代表她能弄明白所有事情。

通过这个实验,你将了解到你的小家伙新学习到的物体恒存概念并不是十全十美的——只有了解了这一点,你才能避免这个小捣蛋翻出你的手机、钥匙、钱包等物体乱啃乱咬。

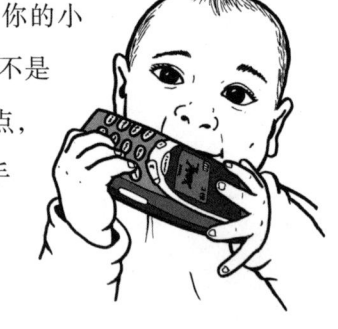

年龄	能力测试
八至十个月	解决问题的能力

实验必备

- 一块平整的地面。
- 两块一模一样的口水巾。
- 一个小玩具,任意一块口水巾都能轻易将其遮住。
- 你的宝宝,这时实验 9 中的"魔术伎俩"已经不能再让她上当。

实验步骤

1. 将两块口水巾平铺在宝宝面前的地上,中间间隔两英寸[1],而且她都可以轻易够到。
2. 给宝宝看准备好的玩具,让她对其产生兴趣。为了吸引她的注意,你甚至可以让她拿着玩具一两秒钟。
3. 宝宝正看着你,你这时一点儿都不需要隐瞒自己正在做的事。拿起玩具,将它藏到其中一块口水巾下面。
4. 让你的宝宝去找玩具。她找到后,表扬她"做得很棒!",接着把玩具拿回来。
5. 马上重复三次或更多次步骤3和4,直到宝宝连续四次在同一块口水巾下面找回玩具。
6. 这时确保你的宝宝还在看看你,迅速将玩具藏到另一块口水巾下面。
7. 让她找出玩具。
8. 观察这次她会做什么。

这个实验说明了这个阶段的儿童容易犯的一个错误。藏起玩具,他们可以找到它。可是在同一个地方多藏几次,然后换个地方藏起来,他们突然就不知道该做什么了。

即使你的宝宝现在已经了解了物体恒存概念(也就是知道看不见并不代表东西消失了),她忽然间还是找不到玩具。为什么

---

[1] 约合5厘米。

会这样呢？她能找出你反复藏在同一地方的玩具，可是为什么换个地方藏就完全没有头绪了呢？她甚至可以看见藏着玩具的口水巾高高地隆起！宝宝到底出了什么问题呢？

　　人们对此提出了许多不同的解释。其中一种认为，宝宝最初学习的物体恒存概念并不全面。刚开始，你的宝宝看不到物体就相信它神奇地消失了，到后来，她突然意识到即使看不到，物体也可以持久存在。这种观念的转变并不那么迅速，也并不是那么顺利。相反，宝宝此时对这一现象一知半解，时懂时不懂。

　　另一种解释则认为，宝宝犯错的原因是反复在同一地方找东西时形成了一定的运动节奏，此节奏很难被打破。因此如果宝宝一直到左边去找，又是左边，还是左边……突然，你让她去右边找，她会很难改变去左边的动作习惯，而改去右边。这么解释还有其他理由：要是你在改变藏匿地之前改变宝宝的位置（比如她从坐在你的膝盖上改成站在上面），这就可以帮助她打破这一节奏，从而更好地在第二个藏匿点找到玩具。

　　但是这个有意思的小把戏只能玩一段时间。两个月之后，宝宝再也不会犯错，对她而言找到玩具完全没有问题。她会清楚地知道看不见的东西还存在着，即使换地方藏也骗不了她。

☛ 帮助宝宝的建议

　　即使现在宝宝知道什么是物体恒存概念，这个实验也只是告诉你在某些情况下，她并不能展示出她了解到的知识。又比如说，研究表明，宝宝在说出单个词汇之前，大概已经知道了一百五十个左右的词汇。这就是为什么刚学会走路的宝宝能听懂简单的指令——比如"去拿球",却还不会说相关的词——比如"球"。

我们能从中了解到什么？不要低估你的宝宝。（让宝宝拿回球之类的事对他们来说轻而易举。）

父母时常没意识到他们的宝宝懂得多少词，误以为宝宝并不理解他们所说的话，错失了扩展宝宝知识的良机。通常情况下，宝宝知道的比你认为的多。即使她暂时还不理解，尽可能多地和她说话，她很快就会明白了。

下面提供一些如何多和宝宝说话的建议：

⊙ **不论宝宝能不能说话，都将她视为聊天对象。**即使宝宝一个词都说不出，她仍然会用身体做出回应。你和她说得越多，她回应得越快。

⊙ **不要害怕使用比较正式的词。**父母常常错误地认为，他们应该尽可能说一些简单的、重复的话。实际上，你和宝宝说话时涉及的词汇面越广，她的词汇量也就越丰富。

⊙ **叙述并解释事情。**每天多和宝宝说说你正在做什么，向她解释发生的事情。做饼干时，告诉她制作步骤；蝴蝶停在那里时，向宝宝描述飞蛾和它的区别；新闻里名人的分手丑闻令人震惊，你也可以向宝宝阐述你对这件事的看法。仅仅是一直说话就可以——因为你永远不知道她能从中学到什么。

☛ **自助建议**

由于你并不知道你的宝宝会学到什么（但你完全可以肯定，要是离开，让她一个人待上两秒钟，她就会拿起最贵的以及易碎的东西玩），因此最好把这个实验中的道理运用到生活中。

比如，要是你的宝宝吃饭时，不停地用她黏糊糊的小手拿你的手机，不要担心，把手机藏在桌上的餐巾下面。当然，宝宝可以连续几次都揭开餐巾找到手机。接下来，瞧！你只要把手机藏到第二块餐巾下，宝宝就突然失去了头绪，茫然得像刚出生那样。

额外建议：在你的宝宝对手机的消失目瞪口呆、不知所措之际，一定要趁此机会塞一些菠菜或绿叶蔬菜到她的嘴里。你只有几分钟的行动时间，因为她很快就能回过神来！

实验 11

我喜欢的玩偶类型

你担心过你的宝宝将来会和谁一起玩吗？他是否会和一群爬得很快的宝宝凑在一起？或和一群捣蛋鬼撕咬滚打在一起？或在乱七八糟的地方做俯卧练习？

当然不会。他只是个宝宝，而你将为他选择朋友。

但是不久之后的一天，你的小天使将开始<u>自己决定</u>他要和什么样的人在一起。正如这个实验所展示的，他已经具备了<u>立刻做出决定</u>的能力。

年龄	能力测试
十至十二个月	社交能力

实验必备

☛ 两种不同的零食，都是宝宝喜欢的。

☛ 两个放零食的碗。

☛ 两个相似（不是完全一样）的布娃娃、玩偶或毛绒动物——毛绒狮子和毛绒老虎就可以，两个穿着不同背带裤的泰迪熊也可以（我猜你们一定有上述这些玩具，尽管我们无法理解制作泰迪熊的公司为什么喜欢让它们穿背带裤……你们有这些玩具吧？我们对泰迪熊的形容正确吗？）。

实验步骤

1. 递给宝宝两碗零食,让他吃其中一碗。看看他拿哪碗食物,然后拿走这两个碗,放到玩偶面前。

2. 为宝宝表演一场玩偶剧!首先,让其中一个玩偶将头伸进第一个零食碗里,发出怪异的吃东西声响,并且说道:"噫,真难吃。我不喜欢这个!"然后让同一个玩偶对着第二个零食碗发出声响,并说道:"嗯,真好吃。我喜欢!"

3. 用另一个玩偶表演一模一样的场景,这时选择的喜欢和不喜欢的食物与第一个玩偶相反。(比如,如果第一个玩偶喜欢麦片,不喜欢蓝莓,那么第二个玩偶应该喜欢蓝莓,不喜欢麦片。)

4. 把两个玩偶并排放在宝宝面前,让他选一个一起玩。看看宝宝会先碰哪一个。

你注意到小家伙是怎么选择他的玩伴的吗？

在实验最后，宝宝选择一起玩的玩偶，它喜欢的食物极有可能就是宝宝一开始选择的那种。这看起来像是在挑选新的"死党"，细节决定一切，只不过这是你亲眼看着宝宝完成整个拣选过程的。

这个实验所展现在你面前的，是你的宝宝在还不会说话的时候就已经在观察别人，对他们做出自己的判断。然而这些判断确切来说是什么呢？他显然偏爱那些和他自己相似的玩偶（和人）。

要得出和这个实验相同的结果，并不需要很大的偏好差别。在这个实验中，你要是使用截然不同的零食，如布鲁塞尔芽菜和巧克力蛋糕，你就无法推断出宝宝喜不喜欢某个毛绒动物了——因为他喜欢巧克力蛋糕的味道，绝不会选择喜欢吃芽菜的伙伴。但是如果你用两种宝宝都喜欢的零食来做实验，这种情况下宝宝做出的决定就是随机的。实际上，你可以提供差别更小的选择，比如两种饼干，这样宝宝选择的玩偶绝不会有既定偏差，他会选择和他喜欢相同饼干的玩偶。

要是不想在实验后打扫一大堆饼干碎屑，你也可以不用食物来完成这个实验。研究者在操作这个实验时发现，婴儿会偏爱戴着同样颜色手套的玩偶，而不是戴着不同颜色手套的玩偶。

更为夸张的是，现在你的宝宝身上所体现出来的特征与他特定的年龄有关，这给未来会出现的情景提供了信号。

已有研究证实，不管是宝宝、青少年、新晋父母或是曾祖父母，都在某些方面表现出对与自己类似的人的偏爱。在这个研究中，这些偏爱都基于任意的相似性，如食物喜好，或者更有实际意义的方面，如同样的性别、相似的文化背景或共同热衷于搞笑、复古的发型。

被相似的人吸引，这条规律也能令你的感情关系受益。虽然俗话说"异性[1]相吸"，但恰恰相反，研究表明，人们找值得托付终身的对象时，在某方面与自己相似的人更容易吸引他们，比如智力、教育层次、家庭背景、宗教信仰甚至身高。有证据表明，夫妻双方的相似点越多，婚姻就越幸福，也越持久。

☛ 帮助宝宝的建议

宝宝根据他感知到的相似与不同，对其他人做出偏好选择，这是再正常不过的事情。这种状况积极的一面是能帮助他理解世界，更好地融入其中。但消极的一面是会落下不好的刻板印象和固化偏见，可想而知，这对任何人都没什么好处。

和你的宝宝好好谈谈人们的相似点与不同之处，增加他对其他人的理解，消除一些深植在他思想中的负面观点。要是你已经能很自在地与宝宝谈论这方面的事情，那就太棒了！但是直接聊起歧视和喜好的问题并不是这么简单。其实许多父母都选择回避和宝宝谈论这类的问题，认为这样可以让宝宝在某种程度上平等待人，尽量忽略那些不足为道的差异。

可是这样做会引发问题。这个实验告诉你，宝宝早已受到一些微小区别的影响——因此，谈论差异始终是最好的选择。

---

[1] 这里指拥有对立面的两者。

☞ 自助建议

你不愿意和宝宝聊偏见,觉得这个话题太沉重?那你可以尝试让他看一些关于处理这些问题的书或者适合他这个年龄看的视频。但是你最好先预览一遍,挑选一下再给他看。即使这些故事的结局都是皆大欢喜,所有的人物都很善良、相处愉快,但他们通常总是以争吵和矛盾开始的,剧中或书中人物在开头呈现出的都是讨厌、消极的一面。

波利猪成天逃学去滚泥坑;巴迪熊从奶奶的蜂巢里偷蜂蜜;土拨鼠查尔斯欺负它的弟弟,总打它。要是你的宝宝还没有表现出以上的行为,就让他们看书或是看视频吧。虽然他自己还没想过,但你也该让他懂得怎样是做坏事。

现在你已经得到了足够的信息。不要在不经意之间让宝宝被人带坏——即使那人不是真实存在的。

第二年

恭喜，你终于挺过了宝宝成长的头一年！你已经做到了这一步，那接下来父母的工作总的来说就易如反掌了。当然，这绝对是一句谎话。从现在开始，所有事的困难程度将呈指数级增长。

在过去的十二个月里，你出色地完成了育儿任务。让我们放松地坐下来，为宝宝至今取得的所有不可思议的进步喝彩——以及为你在其中扮演的重要角色鼓掌。

好了，就到这里可以了。

你最好不要再为自己和宝宝唱赞歌了，快去找找你的一岁宝宝，她很可能，应该是非常可能，正在制造一大堆麻烦，把东西弄得一团糟。等你发现的时候估计已经变得面目全非了。到了该你上场的时候，就不要犹豫，因为宝宝的成长和改变如此快，你很难跟上她的步伐。

这将又是宝宝成长迅速的一年。过去的一年中她的能力有限,很容易控制住,这一年她已经开始走动、说话,也会让你花钱买东西了。到这一年结束时,她会大变样,完全不是你第一次见到的那个小婴儿了。

接下来这一年中,你的宝宝会学习很多词,开始学会用梳子、牙刷和画笔等用具(有时还搞不清楚这些东西各自使用的场合!),学着将她自己看作独特的个体,也开始理解其他人会有与她不同的想法和感受。这种成长非常迅速,打破了许多新的限制,就好像是旋风式的全面成长。

多亏有这些实验帮助,你能让所有的事情暂停一下——并且了解其中的奥秘。

实验 12

甜如蜜的耳语者

你是否有过这种经历：去杂货店买东西，一边走一边嘴里还反复念叨着要买的物品清单？或重新讲了一遍上周在街区聚会中说的难堪故事——并做了一些改编？

是不是有点儿尴尬？

话说回来，你的宝宝太小了，不会觉得自己和自己说话很奇怪，这样对你来说是好事，因为这说明你可以尽情在她身上做这个超好笑的实验。（同时也能了解宝宝在社交方面多么能干。）

年龄	能力测试
十二至十四个月	语言能力，社交能力

实验必备
- 一个没有面孔的非生命物体（比如西瓜、毛绒拖鞋，甚至可以是一团洗衣机甩干桶棉绒）。
- 一个藏身处，需容得下你或另一个成人。
- 忍耐力，在宝宝看起来很好笑时能忍住不笑。
- 一个"同谋"的成年搭档。

实验步骤

1. 让一个成人藏在房间里完全看不见的地方,同时悄悄地将物体举起,让宝宝看见。比如,你可以蹲在桌子后面,举着东西,让它看起来像是坐在桌面上的。

2. 另一个成人领着宝宝进房间,让她坐在一把高椅或是婴儿座椅上,面对着放置好的物体。确保宝宝和物体"面对面"。(虽然这看起来没什么,但实际上是有影响的,相信我们。)

3. 确保宝宝集中所有注意力,这时领她进门的成人开始和那个没生命的物体对话一分钟。藏着的人要对说的话做出反应——扮成物体发出"呼呼"或"哗哗"的声音,同时物体"回话"时要让它稍微摇摆。与物体的对话可以参照以下内容进行:

成人:"嗨,你好吗?"

物体:"么么么么。"(转向说话者的方向。)

成人:"我很好,谢谢。"

物体:"么么么么。"

成人:"真的吗?真有意思。"

物体:"么么么么。"

成人:"好的,再见。"

物体:"么么么么。"

成人:(挥手告别物体,并走出房间。)

4. 接着藏着的人让物体转过身，再次"面对"着宝宝，等着她发出声音（任何声音都可以）或者动起来。

5. 宝宝每做出一个反应，就要把它当作宝宝发出的对话信号，藏着的人就要做出回应，并且让物体做出和成人对话时一样的举动。

6. 看看你可以让这件滑稽的事持续进行多久。

你这个狡猾的骗子。你竟然骗天真的小可爱，让她和一个西瓜交朋友。竟然还如此易如反掌，不是吗？

你操纵着一个没有生命的物体——让它"面对"说话者，回应别人和它说的每一句话——使它看起来像活着一样。虽然你的宝宝只有一岁，但她也会很老练地识别这些社交信号，有模有样地与这个物体相处。

事实上，你的宝宝随时准备好聊天了，虽然聊天的对象一点儿人样都没有。这体现了她天生的社会性。她想和人说话、沟通。作为父母，你的脑袋并不是水果做的，所以是她最好的聊天对象。原因如下：

- ⊙ **你有动力。**有谁比你更在意宝宝的语言发展？没有人。这就是为什么你愿意陪她多练习。

- ⊙ **你会问问题。**父母们总是爱问问题，这样宝宝可以多练习说话。

- ⊙ **和宝宝拥有共同的知识。**因为你和宝宝有许多共同的经历，因此你们之间有很多话题可聊。你知道她最可能念叨哪只卡通小马，你也知道当她看到动物园里的哪只动物时，她会说这闻起来特别像大便的味道。（出人意料的是，这种动物竟然是火烈鸟。）这些共同的经历让你们之间的对话更丰富、更持久。

- ⊙ **这比你想的容易得多。**你要做的就是张开嘴说话。和她聊聊所有事情——如她有多可爱，谷仓里的动物们会发出什么声音，你要洗多少衣服，等等。内容并不重要，努力才是关键。因此，只要确保你在努力就可以了！

要知道，现在宝宝的词汇量很可能并没有那么多，她给你的大多数反应都不是以说话的形式出现的。但是不要因此误以为她不是在和你沟通，她在以自己的方式进行沟通。因此，要始终肯定她给你的反应——不管是词语、嘟囔、眼神、手势还是打嗝——把这些都看作是她回应你的方式。宝宝刚开始的反应可能难以理解，但很快这些反应就会发展成完整的句子，你就不用再自说自话地完成所有对话了。

当然，这种变化是逐渐发生的，你甚至不能准确说出它什么时候会出现！

☛ 帮助宝宝的建议

与宝宝进行对话是促进其语言发展的最佳方式之一,甚至宝宝一出生你就可以开始了!

当你听见小家伙说话时(不论她在说一个完整的词还是只是一个简单的字母或元音),一定要一边微笑点头(或者及时给她简单的抚摸),一边和她说说她正在做的事情,以此肯定她。这些即时反应对宝宝来说都是有意义的,她会被激励,然后继续和你进行交流。

在我们的女儿还小的时候,她只要尝试说话,我们就经常用这些方式肯定她。有时我们甚至明确地告诉她:"我们喜欢听你说话。你的嗓音就是我们的最爱。"后来她学说话学得特别快,很早就积累了大量的词汇——这些绝不是巧合,那些尝试对宝宝做出积极回应的父母都会有一样的收获。现在回过头去看,我们只是有一点儿后悔。当我们请她别再吊着嗓子唱歌时,她就会反驳道:"你们在开玩笑吧,我知道你们有多么喜欢我的嗓音!"

☛ 自助建议

你要是想让你爱说话的宝宝消停几分钟,因为你要听听语音留言,让她睡个午觉,或试着弄清失踪猫咪的叫声是从哪儿传来的,我们建议你做这两件事。

首先,你可以求助于行之有效的"安静游戏",你的父母当年哄你的时候也用过一两次。你可以这样说:"嘿,宝宝。让我们看看谁能坚持安静更长时间!开始!"你的宝宝要是"赢了这个游戏",你才是真正的赢家。

其次,虽然和宝宝说话的感觉不错,也请记住,你没必要一刻不停地这样做。让她自己花点儿时间去探索周围的世界,并且与其互动吧。

毕竟,从这个实验中我们知道,她可以一直说下去,聊她在家里发现的任何东西!而且这种独立游戏可以发展她的认知系统和运动系统——同时也让你休息一下!

实验 13

我认识你吗？

如今，你的宝宝已经完全认识你了。他认得你的脸、你的声音甚至你的味道。他知道饿的时候你会把食物递到他面前；放本书在你面前，你就会读给他听。

要是他抬起头往上看时，发现他拉着的裤腿不是你的，会怎么样？他会从容应对还是想跑开躲起来？

这个经典的儿童发展实验将会让你理解宝宝有多黏你——把你换作一个完全陌生的人。

年龄	能力测试
十二至十八个月	社交能力

实验必备

☛ 你自己。

☛ 你的宝宝。

☛ 一个房间,里面放两把椅子,地板上放一些玩具。

☛ 某个宝宝不认识的人(但你却熟悉的人,大致如此)。

实验步骤

1. 带宝宝进入房间,你坐在其中一把椅子上,让你的宝宝自行在地板上玩玩具。这样持续三分钟。

2. 让陌生人进入房间,和你打招呼,接着安静地在另一把椅子上坐下来,再等三分钟。

3. 让陌生人引开宝宝的注意力,你自己离开房间。你走后,陌生人留在房间里和宝宝一起再玩三分钟。

4. 你回到房间里,让陌生人离开。和宝宝待在房间里大约三分钟。

5. 你离开房间,这次陌生人也在外面。让宝宝自己待在房间里三分钟。

6. 让陌生人回到房间里,和宝宝待在一起三分钟。

7. 你最后一次回到房间里,并让陌生人离开。

你现在是不是觉得有点儿晕，你（或是宝宝）需要来点儿酒（或牛奶）？我们懂。这个实验可能对你和宝宝而言压力都很大。要是你光是想想这个实验就感到很受伤，甚至不想具体操作，也别太担心。只要你注意观察日常生活中，比如，他和新保姆或不熟悉的亲戚待在一起，你离开并返回房间时宝宝的反应，你还是可以了解一些宝宝在这个实验中的表现的。

在这个实验中，你要完成这些疯狂的、父母和陌生人的互换——只有你自己在房间里、你和陌生人都在房间里、只有陌生人在房间里，以及没有人在房间里陪宝宝——设计这些环节，都是为了测试你和宝宝的亲密度。宝宝对实验中的情景会有许多不同反应，有的只要看不到你就完全吓坏了，有的对于陌生人的出现毫无反应，即使他从来没见过那个人，他也会把那人当作新保姆。（很抱歉，要是你的宝宝出现第二种情况，你就要特别注意了。）

你要争取的反应——心理学家称之为"安全型依恋"（secure attachment）——刚好处于两种极端中间。宝宝的反应若介于"急需你的陪伴"和"只想独立探索世界"之间，他就是在安全地与父母建立联结。在这个实验中，这种反应表现为：

◉ 只要你在身边，宝宝就积极地探索房间，摆弄玩具，四处走动，自由并舒适地玩耍。

◉ 你一不在，宝宝就不玩耍，也不乱翻东西了。

◉ 只要你离开后再次回到房间里，宝宝就很高兴看到你，并努力靠近你。

一个具备安全型依恋的宝宝可能会对陌生人表现出好奇，甚至接受他的存在，但并不会认为他是你的替代品（这一点体现在你回房间后他表现出来的开心）。同样，要是你觉得离开让你感觉怪怪的，不想看到宝宝在你走后难过，每次回房间就想抱起他来，那么很有可能你们两个都对彼此安全地依恋着。

安全型依恋对宝宝和你来说都是一个好的迹象，这表明你的宝宝认为你是他可以信赖的人，能让他感到舒服。他能自由地探索周遭世界，那是因为他知道你会一直守护着他。他也有可能对日常分离不怎么哭闹，而当你回到他身边时也能做出积极的回应，同时他也能回应你发出的指令（即使看上去并不那么严厉）。宝宝对你的安全依恋还会对将来产生积极影响。具有安全型依恋感的婴儿成年后能具备更健康的心理和生理状态，将来的爱情维系也更为成功，更少对烟、酒、毒品等物质上瘾。

那么，要是你的宝宝在这个实验中并没有表现出典型的安全型依恋行为，该怎么办呢？不管你在不在身边，他都继续玩着玩具，或异常地焦虑、烦恼，或在你回来时躲着你。如果出现上述情况该怎么办呢？不要过度担忧，因为宝宝的依恋行为是多种多样的。一岁的宝宝表现出的依恋行为与他一岁半时是完全不同的——反之亦然。在十八个月之后，你就不能再做这个实验了，因为那时宝宝对陌生人的出现并不会很抗拒，而且他已经更好地学会应付父母不在身边的情况了。

一般而言，宝宝和母亲的依恋程度是衡量的主要指标，但依恋关系并不仅限于母亲。宝宝也可以对他们生活中比较重要的人产生安全型依恋，包括父亲、兄弟姐妹、朋友、祖父母、保姆等其他经常出现且对宝宝表现出关爱的人。

我们的第二个宝宝就非常依赖手足之情！我们当时把第二个宝宝交给保姆照看，刚开始发现他没有感觉到一点儿难过后，我们很介意，认为他并没有像他姐姐当年那样黏着我们。但后来，当我们第一次没带姐姐，只带他外出时，他的表现就完全不同。他一直黏着我们，只有我们在他身边时，他才肯玩，更不用说自己去玩了。这时我们就知道了——他之前即使在有陌生人的新环境中也表现出十分放松的状态，是因为他在姐姐身上找到了安全的依恋感。

☞ 帮助宝宝的建议

和宝宝建立安全型依恋最好的方式之一是感知和回应他的需求。研究者们发现，培养出具有安全型依恋的宝宝的父母都能读懂宝宝发出的信号，并快速地回应他们。宝宝需要亲密感时就能及时地抱起他，宝宝哭时能安慰他，这些都告诉宝宝父母很体贴、值得信赖，且随时都在。

但回应和感知并不代表要过分溺爱宝宝，或是不让他感到一丝难受。实际上，你的宝宝需要自己努力才能学习到一些重要技能。

比如，让宝宝学会如何哄自己睡觉（而不是每次你听到他啜泣就冲过去把他搂到怀里）大有益处，这样你也可以睡得好一些。让他自己解决问题，也可以帮助他训练各种有用的技能。因此，他在摆弄拼图时不要立即帮他拼好，他在努力解数学题时不要立刻告诉他正确答案。要允许宝宝通过自己的努力赢得挑战，这样宝宝才能最终学习到只有多努力——甚至是付出艰难的努力——他们才可以自己找到满意的答案。

如果你已经练习了书中推荐的实验，还是没能成功地建立理想的依恋关系，别自责。毕竟，一个巴掌拍不响，你只是亲子关系的其中一半。宝宝的性格，如他是社交型、社交困难型还是平易近人型，也会影响亲子关系的建立。你只需要确保继续爱他，给他温暖，同时要注意引导和确立界限，尽你所能地促成积极的情感联结，就能达到好的效果。

☞ 自助建议

假如你已经将宝宝留给保姆照顾，你可以出去好好地约会（也许早就约好了），你可能在现实生活中就会经历这种"陌生人实验"。以下建议可以让这种保姆替班的工作更容易地进行，并避免对宝宝造成潜在的创伤：

◉ **新保姆来时，不要马上把宝宝交给她。**你应该先花些时间和保姆、宝宝待在一起。白天你在家的时候，让保姆来家里小坐一会儿。这时你可以和宝宝在地板上玩大约一小时，并鼓励保姆和宝宝一起玩。你也可以利用这段时间让她熟悉一下家里的环境，告诉她照顾宝宝时要做的事情。

◉ **新保姆来之前要告诉宝宝，让他做好心理准备。**解释你要出门的原因，并告诉他，在你出门这段时间，他要和保姆待在一起。宝宝理解的远远比你认为的多，提前告知可以让他在情感上做好准备。记得一定要告诉他，可以和保姆一起做很多好玩的事情。

- **允许保姆做一些有意思的事。**我们希望宝宝爱保姆,因此我们鼓励保姆和宝宝一起找乐子,比如多看些电视节目,请他们吃好吃的。这些都很有效果,甚至有时我们的女儿会主动让我们出门,这样她就能和保姆待在一起。你一定会觉得,这样一来,离开宝宝出门也太容易了吧!

实验 14

不可思议的互动

魔术师胡迪尼倒悬在一幢建筑的屋顶上从紧身衣中逃脱。大卫·科波菲尔从长城穿墙而过。克里斯·安吉尔[1]某种程度上成功地从《花花公子》创刊人休·海夫纳身边抢走了一个女友。

但对于像你一样的众多父母而言,不管谁表演什么魔术,要是能让你在蹒跚学步的宝宝面前取得先机,这才是最不可思议的。

女士们先生们,你是否一直想做这样的实验?

年龄	能力测试
十二至十八个月	解决问题的能力

实验必备
- 一块口水巾。
- 一个小玩具,可以轻易用你的手遮盖它。
- 一个宝宝,不再被实验9或实验10里的"神奇伎俩"欺骗。
- 如果会一点儿魔术的敏捷手法更好。

---

[1] 克里斯·安吉尔,美国幻术师、催眠师,因个人电视节目《克里斯·安吉尔的街头魔术》而出名。

实验步骤

1. 将口水巾平铺在宝宝面前,她可以轻易抓到。
2. 给宝宝看准备好的玩具,让她产生兴趣。为了吸引她的注意,你甚至可以让她拿着玩具一两秒钟。
3. 拿走玩具,把它放在你面前的桌子上。
4. 在宝宝的注视下,你用手盖住玩具,这样她就看不见玩具了。
5. 将盖着玩具的手快速地移到口水巾下面,让口水巾完全盖住手。
6. 悄悄地放开玩具,将其留在口水巾下面,手从口水巾下拿出,把手放回原位,宝宝很难知道玩具已经不在你手下面了。
7. 把手掌翻过来给宝宝看,没有任何东西。(边做边尽量模仿魔术师,打个响指或挑挑眉毛。)
8. 观察宝宝会做什么。

这样实验就做完了。

在过去几个月中,你会留意到,你的小家伙每次都能搞清楚你和她玩的"物体失踪游戏"。她找到了你藏在口水巾下的钥匙,接着她找到了你藏在第二块口水巾下的手机。但至少现在,你藏的玩具还很安全——看起来你又成功让她糊涂起来了。

你的宝宝即使此刻已经了解了物体看不见也存在的道理,她也只是不会犯之前的错误,不再一直盯着同一个藏匿点找东西。但当她看到你手上什么都没有后,还是没想过翻开口水巾找一下。这对于我们成人而言很不可思议,因为玩具藏在下面,口水

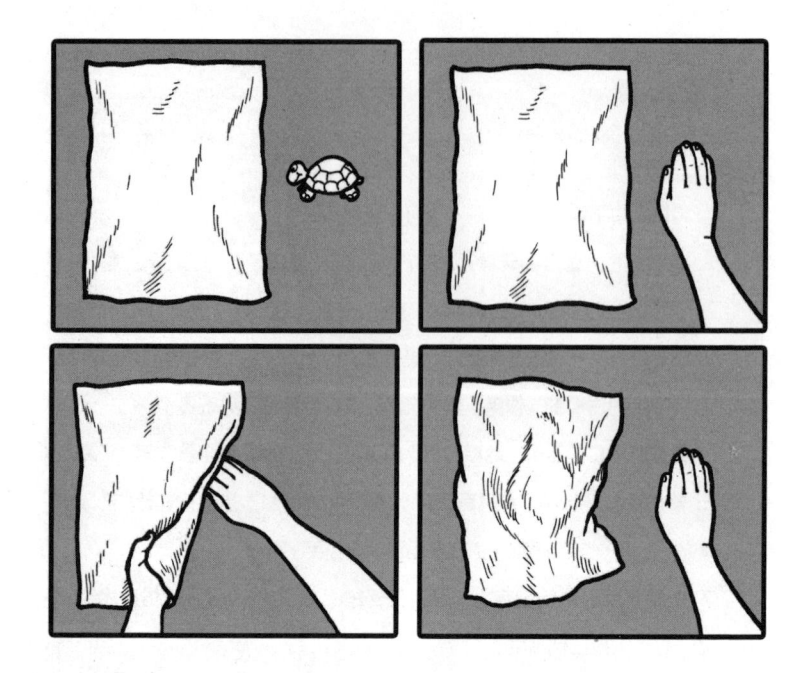

巾隆起一个大包,这是显而易见的!

这也许是我们的第二天性,但是要弄清这个伎俩需要一个全新的思维模式。尽管他们几个月前就开始形成物体恒存概念,但直到大约十八个月大的时候,大部分宝宝才能弄明白像这样的最复杂的物体恒存任务。为了完成这个任务,宝宝必须能清楚地记住这个物体的样子,不管它移动多少次,就算看不见也能追踪它的位置。

以防你已经在考虑这件事了,这里提供一个建议——不要让你的小家伙养成坏习惯,将她的大学基金输在地下赌场的纸牌游戏上,因为她绝对不会随时都能很快地找到红桃皇后的位置。

☛ 帮助宝宝的建议

这个实验很好地展现了宝宝识别问题的能力（需要发现藏着的玩具）以及采取措施解决问题的能力（翻看你的手掌——如果没有，翻找口水巾下面）。

在接下来的几年中，你会有目的性地在各种活动中帮助宝宝发展解决问题的能力，比如玩游戏、做作业、考试复习、管理零花钱，还有其他许多活动。请牢记下面的几点建议，更好地帮助她：

◉ 持续关注她的理解能力发展和知识增长情况。这就意味着当你觉得她能自己处理事情时，要给她足够的独立空间，尽量少对她指手画脚。在她真正需要帮助时，再为她提供帮助。

◉ 和宝宝详细讨论你的想法和使用的解决方法。比如，告诉她你是怎么思考问题并找到解决办法的——你是怎么意识到，记不住一个电话号码时，就要写下来以便将来可以查找，或者在你学习时，怎么试着考考自己。这样不但能帮助宝宝学到你碰巧说到的特定技能，而且也可以帮助她了解自己的思维过程（或者她的思维方式）。

◉ 鼓励宝宝说出自己的解题过程。研究表明，当学生们用自己的话把示范问题的解题过程解释一遍，或者复述一遍他们读过的课文时，他们就可以内化学到的信息，在考试中表现得更好。

☛ 自助建议

如果你碰巧像本书的其中一个作者一样，特别喜欢表演儿童魔术（我们不会告诉你是哪个作者……哦，是的，我们承认——是安迪），不要太快放下你的"魔法棒"。你的宝宝可能很快就不信这个小伎俩了，但请确保接下来的几年，你还能用你的业余魔术技巧迷惑她。

研究表明，宝宝会相信魔术伎俩——例如，切割组装绳子，从帽子里抓活兔，或是平衡你的银行账户，这些对五岁之前的宝宝来说都是不可思议的事情。在五岁后，他们就会明白这些都只是"小诡计"，但他们还是认为这很有意思。而等到上学后，每个小孩都会认为这种魔术很差劲，你的宝宝也就不会再要求你表演著名的"杯子和球"的常规魔术了。

唉。

"杯子和球"的常规魔术其实也挺棒的。

实验 15

对着手说话

快，给我们看看你最喜欢的手势！

咳，真不害臊。你就是用这双手给宝宝洗澡的吗？

尽管"做手势"这个想法对我们这些老家伙来说很"色情"，但是对宝宝来说意义却完全不同。

在你可爱天真的小天使身上试试这个观察实验，你将会发现他已经很会比手势了，也会了解到他的手势可以如何预测他即将到来的语言阶段性发展，明白你可以如何用手势帮他扩大日益增加的词汇量。

年龄	能力测试
十二至二十四个月	语言能力

实验必备

- 你的宝宝。
- 你的眼睛。
- 能清晰地看见宝宝。

实验步骤

因为这是一个观察实验，所以不需要额外的设备或特殊的布置。你只需要在日常和宝宝的互动中观察他，并记录以下情况：

1. 哪个东西是宝宝做手势示意要拿的？任何手势都算，包括用手指一个东西，张开手去抓东西，把东西拿在手里，把手伸过来给你看，等等。
2. 他多久用手势示意一次要拿东西？他要是比往常更频繁地用手势示意，要特别注意。
3. 宝宝是否做手势和说话同时进行？与手势同时出现的任何词都可以。例如，他可以说"牛奶"并同时指着奶瓶，说"爸爸"并向椅子移动，或说"玛卡莲娜"并开始表演小牛仔舞蹈（尽管他犯了一个尴尬的错误，不是吗？）。

那么你留意到了什么？你的宝宝已经会做很多手势，而且比你想象的要多得多！用手示意是儿童发展的一个自然阶段，甚至盲童也能做到——尽管他们确实没法看见其他人如何做手势，也看不到他们自己的手势，或是无法得知他们的手势别人是否看得懂。

这是因为手势不是一些无意义的手部动作，并不是嘴里喋喋不休的同时手在不停地移动。事实上，它们和你的思维、说话、沟通方式有着重要的联系。你可以想想宝宝的手势包含了多少信息。他不用说一个字，你就可以通过观察他的手是如何移动的，很容易了解到他是否要你帮忙递上奶瓶或拿走奶瓶。

你的宝宝很善于通过手势了解你的意思,因为他已经操练了很长时间。手部肌肉比声带肌肉更容易控制,宝宝开始用手势沟通,远远早于他们能用语言做同样的事。在他们说第一个词之前,宝宝就会用手指东西了。在他们能连词成句之前,就能边说词边比手势。在整个儿童发展阶段,宝宝的手此刻所做的正预示着接下来他将开口说出的。

哪三件事是你在实验过程中需要密切关注的呢?

第一,我们之前让你留意宝宝用手势示意拿什么东西——因为这是他近期最有可能说的一个词。宝宝手势所指向的物体构成了他们早期词汇中的一大部分。

第二,我们也让你看看他多久指一次物体——因为这是宝宝早期词汇量有多大的一项指标。宝宝用手指的东西越多,他就越容易学习新词汇。

第三,我们让你留意宝宝是否说话和做手势同时进行——因为这表明他容易将两个口语词连起来,说出他的第一个句子。因此如果宝宝说"爸爸"的同时指指椅子,他很快就会说出:"爸爸,坐。"要是他指着自己的嘴说"猫咪",就表示他想要吃你的猫。

因此我们不要开玩笑,让他离猫远一点儿。

☛ **帮助宝宝的建议**

你也要使用手势!(当然,一定不要用隐含不好意味的手势。)研究表明,父母的手势用得越多,宝宝的词汇量就越大。

（他们很可能也碰巧会做更多鬼脸——但如果问我们的意见的话，这看起来像手势的另一面。）

宝宝不仅从你的特定手势中学到东西，看你的手势也能极大鼓励他们做更多手势——正如这个实验所示，更多的手势可以预示他们不断增加的词汇量。

能否让宝宝多做手势来学习更多的词汇，主要还是在于你。宝宝一做手势，父母就应该随即说话。比如，要是你的小淘气冲着苹果伸手，并抓抓手，你可以这么回应："苹果？你要一个苹果？"要是他点头并继续用手示意，你最好继续说："好，苹果。你喜欢苹果。让我先把苹果皮削掉。"看看他能做什么？他只是比画了一下，你就说话了，然后你一直说一直说一直说。你说得越多，他就能学到越多的语言。

下面为你们提供一些建议，来更好地将手势融入生活中：

◉ 提到物体时配合使用手势。当你提到某个物体的时候，指向那个物体，或拿起来给他看，这样可以帮助宝宝记住物体名称。

◉ 边说动作边做手势。提到某个动作要同时做出来，这可以帮宝宝理解动作的意思。动词不像名词，不容易见到或触及（比如，"跳"这个动词只会在你做动作时出现，但是一个毛绒熊猫可以在角落坐上一整天盯着你不动）——因此宝宝学动词更困难。

◉ 边读书边使用手势。指着书中的图读书，可以帮助宝宝理解他听到的词和他看到的图之间的关系。讲到书中的某个人物，指着他对应的图画或模仿他的动作及声音，这样可以帮助宝宝学习词语，理解故事。边读故事边用手指逐字指认下去，这样可以让宝宝知道这些弯弯曲曲的文字和笔画实际上是富有含义的。

◉ 唱一些包含手势的歌曲。不管它们涉及蜘蛛、公车轮胎还是膝盖或脚趾，都很有意思。让宝宝手舞足蹈可能会让他们做出更多的手势，既有歌曲中的手势也有歌曲外自创的手势。

☛ **自助建议**

研究表明，宝宝上课时，他们或老师多用手势，宝宝就能学习和记忆更多东西。因此下次你若需要教你的小家伙学什么，并希望他能记住——比如，厕所里的水不能喝——不要仅仅说说而已，他不会明白的。把便盆用手推开，做难受、作呕的鬼脸，伸出舌头想把那股味道去除，跺脚，假装大哭的样子，做宝宝所看到的最难受的样子。

也许，只是也许，他第二天就不会做同样的事了。

模仿秀

实验 16

宝宝让生活充满惊喜。

他们总在琢磨如何自己解下纸尿裤，或是告诉你如果可以选择变成任何一种动物的话，他们会变成飞马，又或是将家里宠物狗的毛剃掉一大块。无论如何，父母的重要职责就是四处察看，看看宝宝有什么惊人之举，想办法弄清楚：他们究竟从哪里冒出这样奇怪的想法？

这个实验将告诉你，他们确实可以通过观察你的一举一动学习到很多东西。

年龄	能力测试
十四至十八个月	社交能力、学习能力、记忆能力

实验必备

☛ 一个宝宝从来没见过的物体，且她可以安全操作（请不要给她电锯）。

☛ 一个独特的与物体互动的方式——不能是宝宝碰巧会做的，也不能是宝宝曾看别人做过的。

可参考下列一些有效的例子：

◉ 取一个鳄梨、金橘或其他宝宝不知道的水果或蔬菜，将其在你的两脚间滚动。

◉ 从上班的地方拿一个样子奇怪的工具或办公用品回家，将其夹在你的腋窝下，不要让它掉落。

◉ 取一个不常见的厨房用具，用肘部敲击它。

◉ 取任何一个触发反应类玩具，奇怪地且不寻常地演示给宝宝看——你知道的，你可以按下玩具上的按钮、轻击开关，或拉起手柄让指示灯亮起、发出声音、播放音乐或是触发其他令人厌烦的反应，尽管这些反应都让你烦到只想每次等宝宝睡着后就把它敲碎，丢进垃圾桶里。

实验步骤

1. 选择一个你想和宝宝分享的新物体，先私下里练习几次，直到你习惯和它互动的奇怪方式。
2. 拿着这个物体，坐在宝宝的对面，确保离她一臂之外（这样宝宝就不会太早抓住那个物体）。
3. 吸引宝宝的注意，说一些类似"看这里！看看我在做什么！"的话。
4. 一旦你能确定宝宝在看着你，就用奇怪的方式演示三遍你是怎么使用那件东西的。继续随意地说"看我！看看我！"，整个过程你都要表现出好像自己是渴望成名的明星,迫切地想在自己的电视真人秀中博人眼球,因为在这一步中,全程将宝宝注意力集中在你身上是至关重要的。

5. 快速地用其他东西分散宝宝的注意力,同时藏起之前的那个新物体,这样她短时间内就看不到或玩不了它。

6. 等至少十五分钟后,拿出那个新物体,放在宝宝面前,任她摆弄。

7. 看看她会做什么。

你的小淘气自出生起就已经能够很好地模仿你做各种表情。但在这个实验中你所见到的并不是简单的模仿。在实验中,你没有及时让宝宝玩那个新物件,然后在晚一些时候看她模仿你用同样奇怪的方式和那个东西进行互动。你可以看到宝宝此刻才开始学习的新技能——"延迟模仿"(deferred imitation)。

延迟模仿要求宝宝先观察你做的事情,记住它,然后晚些时候凭记忆再现整个过程。宝宝在此实验中表现出的延迟模仿,也可能在生活中的其他场景出现。你见过下述情景吗？她抓着你的车钥匙，穿上你大尺码的鞋子——尽管与她小小的身体并不相称，她还艰难地往前走，想走出家门。她正在模仿你每天离开家的情景。要是她和奶奶热情活泼地打招呼时，说的是"该死的，伙计！"——很可能是因为你在堵车时说过这句话。

对这个年龄的宝宝而言，把记忆和以前就会的模仿结合在一起，是一项了不起的技能。还有什么比它更令人惊奇呢？设计这个实验的研究者发现，宝宝实际上能将大人的行为在大脑里进行模仿，而且记忆可以持续的时间比你让她等待的时间更长。另一个研究表明，在等待一周之后，即观察行动和自己操作物体之间间隔一周，十四个月大的宝宝还能模仿出他们在"很久"以前看到的行为。

另一方面，你也许试了这个实验，但最后发现宝宝根本就不模仿你。

如果是这样的话，也不要担忧。也许你的宝宝只是需要再等上一个月左右才能到达这个特定发展阶段，或者她从来都不是盲目的模仿者。研究表明，宝宝的延迟模仿行为存在着极大的个体差异——有些宝宝很喜欢模仿，有些则模仿得不多。这些差异会长时间存在着。也许宝宝会很用心地观察你，仔细地模仿你的一举一动，或者宝宝虽然认真观察了，但是她认为你的行为很奇怪，不愿意跟着做。

无论出现上述哪一种情况，即她是否模仿你，都要意识到宝宝确实能从模仿中学习，这才是关键。她不停地在观察你，向你学习——甚至你并没有想刻意教她什么！

☛ 帮助宝宝的建议

每个人都希望自己的宝宝在学校表现出色，对吗？读写学习显然占了很大的比重。因此在你试图给你的小家伙在读写方面补上一课的时候，请记住教授知识不止一种方式。

当然你可以使用一些教学方法，包括直接指导，比如，亲子阅读、教词汇名称和读法、练习写字母等活动。但还有一种你也许从未考虑过的教学法，就是利用宝宝善于模仿的自然天性：看见你读书并享受阅读。

因为父母是宝宝的榜样（甚至父母并没有想到主动示范），你的行动很有示范作用，比如看到你以读书为乐，对着菜谱烹饪，或参照使用手册解开被洗碗机底部的旋转装置夹住的毛绒兔子耳朵。这些行为传达了书并不只是小时候才需要，长大了也可以通过看书消磨时间或解决问题。

家里仅仅只需要放上书籍和其他阅读材料就可以增进宝宝的阅读能力。如果这些材料都随手可得，宝宝更有可能会去使用。因此确保家里多处都放置可随手拿到的足够的阅读材料，而且你自己要示范阅读！

（事实上，你正在读这本书就是一个好的开始！）

☛ 自助建议

除非你自己有一些反常的兴趣，喜欢在往后的日子里成天猫着腰，帮宝宝捡玩具，否则你肯定希望能尽早鼓励她自己收拾玩具。

那么用直接指令（"好的，各位！现在是收玩具时间！"或"现在我们来用用畚箕！"）与示范行为（让她看你洗碗、打扫地毯，让你的房间尽量保持整洁，正如你希望她的房间整洁一样）相结合的做法。这样的话，总有一天你的家里不会再看起来像灾难现场。

实验 17

这就是为什么有
花椰菜和香草

虽然我们不能确定是谁第一个说"变化是生活的调味剂",但我们十分肯定不是一岁的宝宝说的。这个年纪的小孩执着于他们喜欢的东西,要是他们<u>不喜欢</u>你在吃饭时塞给他们的食物,他们一定会告诉你。

因为他们还小,还不知道其他人有时会有与他们不同的喜好。

但是突然有一天,他们会开始了解这一点。请把这个实验做两遍——在宝宝十四个月大时做一次,过四个月左右再做一次——你会清楚地发现这种变化何时会发生!

年龄	能力测试
十四至十八个月	社交能力

实验必备
- 一碗宝宝喜欢的食物,比如家里恰好备有的小鱼形状饼干。
- 一碗宝宝不喜欢的食物,比如芥末豌豆——有谁会喜欢呢?
- 一个大托盘,可以将两个碗并排放在上面。

实验步骤

在你开始正式实验之前,将两碗食物摆出来让宝宝看见,玩耍时请她吃一点儿里面的食物。不用刻意让她两碗都尝一下——现在只需要满足她的好奇心(或满足饿得咕咕叫的肚子),这样做实验时才不会令她分心。

1. 和宝宝一起坐在餐桌旁,并坐在宝宝对面。她可以坐在高高的婴儿椅上或是另一个人的膝盖上。

2. 把放着两碗食物的托盘放在你面前,在宝宝够不着的地方。

3. 拿起宝宝<u>不喜欢</u>的食物尝一口,做出夸张的、极度开心的表情,并发出开心的声音,告诉宝宝你多<u>喜欢</u>这个食物。你边品尝食物边说:"嗯嗯!豌豆!嗯嗯!我尝到了好吃的豌豆!唔嘛唔嘛唔嘛唔嘛唔嘛!"

4. 现在尝尝宝宝<u>喜欢</u>的食物,同时做出夸张的、极度不开心的表情,并发出难受的声音,告诉宝宝你多<u>讨厌</u>这个食物。你这次边品尝食物边说:"呸!饼干!呸!我尝到了难吃的饼干!呸,呕!呸!"

将一只手——掌心朝上——正好放在两个碗中间。问宝宝:"你能给我一些食物吗?"接着把托盘推向她。要是她从其中一个碗拿一些食物递给你,那么就恭喜你,实验成功了!要是她没有马上递给你任何东西,继续向她发起请求直到她按着做。(只是要确保一点,要

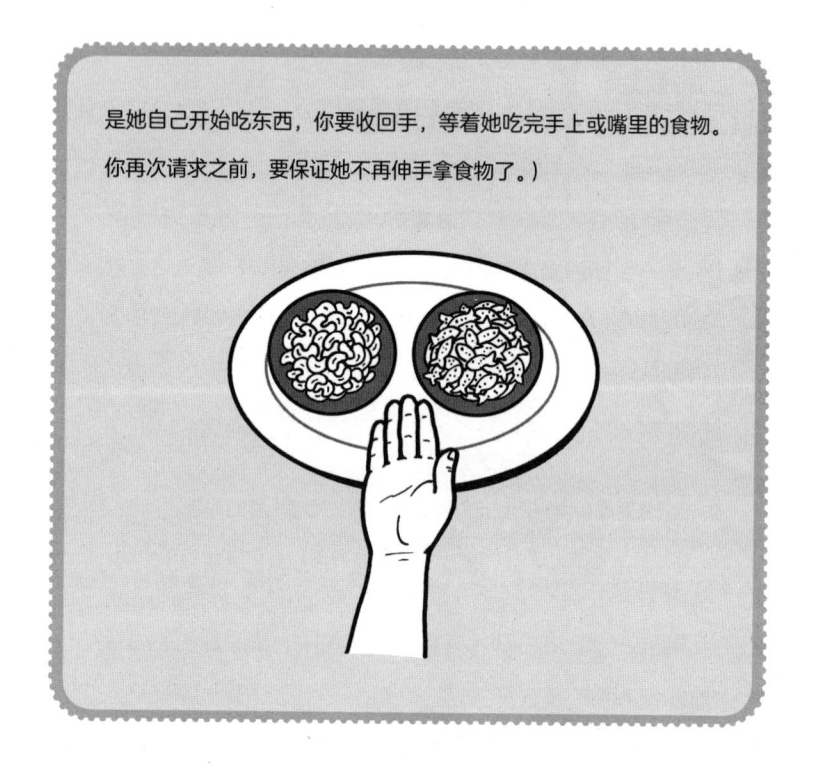

是她自己开始吃东西,你要收回手,等着她吃完手上或嘴里的食物。你再次请求之前,要保证她不再伸手拿食物了。)

让我们简要总结一下刚才发生了什么,好吗?你为自己和你的零食伙伴准备了两种不同的食物来吃,你在宝宝面前把两种零食都品尝了一遍,而且对它们以极度夸张的方式表现出鲜明的喜欢和不喜欢。接着你让她递给你一些吃的,那么她会递给你哪一种呢?

要是你和十四个月大的宝宝做这个实验,她最有可能给你的食物是你刚才告诉她你讨厌的那种,而且她可能还会附送一个微笑!你是不是怀疑宝宝正在玩某种权力游戏呢?因为此刻她表现出"两面三刀""既主动又被动"的模样,你甚至怀疑:宝宝是不是已经充分准备好加入高中小团体了?

事实并非如此。

要是宝宝递给你的食物是之前你说很难吃的那种，宝宝是想对你示好。毕竟，那是她喜欢的食物。在这个年纪，她不能区分她喜欢的食物和别人喜欢的食物。

四个月后你再重复这个实验，事情就变得有意思起来了。宝宝到了一岁半的时候，她的行为很有可能发生变化——她会把你喜欢的食物递给你！宝宝能够克服她自己的不喜欢，优先考虑你喜欢的食物，而且将其递给你，这说明她开始理解其他人的思想。她现在意识到其他人可以有不同的喜好，并且她可以通过你表达出来的高兴或不高兴的情绪来揣测你的喜好。

不同人有不同的想法、感觉和信仰，这个抽象的观念在接下来的几年内宝宝都能记在心上，这对于这么小的宝宝而言是十分难以置信的。直到宝宝五岁大的时候他们才能完全理解这个观念，而且大部分情况下还能随机应变。（唉，有时成人也无法理解。）

☞ 帮助宝宝的建议

即使这个实验表明你的宝宝具有基本的同理心，她在这方面的发展仍有很长的路要走。要是更复杂的矛盾在现实生活中发生，宝宝很难换位思考的话，请不要反应过度。例如，分享的行为。

让宝宝分享很困难的原因之一是，他们不能单纯地从另一个宝宝的角度看事情。因此，你劝说她"要对人好""要是别人也这么对你，你一定会生气的"，这些话也许对十几岁的孩子有效果，但是对这么小的宝宝是没什么意义的。

你的宝宝要是还在蹒跚学步的话，让她分享的最简单的方法就是让她分心。可以用在肚皮上挠痒痒或上下摇晃她这种恶作剧转移她的注意力，或拿另一个玩具给她玩，或提出给她读书讲故事，又或是塞给她零食。但当你的宝宝长大一些时，你可以开始把日常争吵变成学习的机会。宝宝到了学前阶段，可以开始用下列解决问题的步骤帮助她解决个别的分享问题，增强她将来自己解决问题的能力：

⊙ 始终要把争吵的对象拿走。解决问题时，这么做可以将对象中立化。

⊙ 问宝宝们发生了什么——不要一上来就责备，每个人都有被人倾听的权利。

⊙ 认同宝宝的感受，直接大声说出这些感受——"她拿走你的玩具，你看起来很生气"或"你看上去真的很难过"。我们知道这些话听起来太感性了，似乎完全没必要，但是可以让宝宝知道你听了他们说的话，而且理解他们，这会让他们感觉好多了。这么做可以帮助缓解紧张情绪，最后有助于问题的解决。

⊙ 询问宝宝认为该如何解决问题。宝宝有时比你想象的更加擅长解决问题，他们能想出两全其美的方法，而你无论如何都想不出来，或者他们的解决办法比你想的好。要是到了这一步，表明他们可能已经摆脱了整件事的困扰，可以继续做其他事了。这表明你也可以摆脱整件事了。（现在让我们来一杯玛格丽特酒吧？）

☞ 自助建议

你是否想让争论的事情（分享或其他）不要继续升级？那就要试着给宝宝她想要的——用愿望的方式。我们为你提供一个真实的例子，是我们和三岁大的女儿的对话，此刻我们告诉她不能和我们一起睡了，她听后正处于崩溃的边缘：

"我知道你多想和妈妈爸爸一起睡。要是我可以许下任何愿望，我会希望我们有一张大床，和我们的房间一样大，这样我们仨就可以睡在一起了。"安贝尔装出真诚的样子说道。

"但是妈妈和我并不能愿望成真，"安迪接着说，带着非常失望的表情，"因此我们的床只能容得下妈妈和爸爸。"

这样说好像起不了作用，但是实际上它是有效果的。我们知道——很疯狂，对吧？我们自己也难以相信，但我们当时就是这么想的。

但是注意，在我们开始许愿之前，要让她知道我们理解她多想和我们一起睡。宝宝想被倾听，被理解，被支持。这个策略可以成功，是因为有时被人理解比宝宝得到原本想要的东西重要得多。

学习腰带

实验 18

工具是很伟大的发明。他们让你从尖叫声中安静下来，吹干还在滴水的物体，还可以去除音乐玩具中的电池，让惹人头疼的音乐停下来。

工具的使用也能很好地培养宝宝的运动能力和解决问题能力（在不弄伤自己的情况下有能力协调地用手使用工具）。

这个实验可以让你了解宝宝使用工具的能力是如何发展的——同时清楚地明白为什么任何时候都不应该允许小孩玩射钉枪。

年龄	能力测试
十四至二十四个月	运动能力、解决问题能力

实验必备

☛ 一把勺子。

☛ 宝宝的食物。

☛ 一把梳子。

☛ 宝宝的头发。

☛ 一个对象——比如玩偶、布娃娃、毛绒动物或者兄弟姐妹,宝宝可以使用勺子对其喂食物,或使用梳子帮其整理毛发。

实验步骤

在实验中,你将多次遵循相同的实验流程,这样你可以观察到宝宝在对自己使用工具时和对别人使用工具时的变化。你要让宝宝坐在一个舒适但有限制的地方,比如高高的婴儿餐椅上或另一个大人的膝盖上,同时确保在开始操作前将他的注意力都吸引过来。

☛ **使用勺子喂自己**

1. 像平常一样拿起勺子,说道:"看看我们怎么拿勺子!"然后用勺子喂宝宝一点儿食物。

2. 用勺子再装一点儿食物并说道:"现在轮到你自己试试了。"

3. 不用惯常的方式拿勺子,而是将勺子握在大拇指和食指中间(不要忽视宝宝的握勺动作),把勺子递给宝宝,让他喂自己一些食物。

4. 认真观察宝宝的行为举止。勺子他用得如何？他拿到勺子后是重新调整握勺姿势，还是立刻就能用正确方式握勺？他完成这个动作有多快？效率多高？

☞ 使用勺子喂别人

1. 像平常一样拿起勺子，说道："看看我们用勺子做什么！"然后假装给玩偶、布娃娃、毛绒动物或兄弟姐妹喂一口食物。

2. 假装舀起新的一勺食物并说道："现在轮到你试试了。"

3. 把勺子握在大拇指和食指中间，递给宝宝，让他喂玩偶。

4. 像之前一样，认真观察宝宝的行为。

☞ 用梳子给自己梳头

1. 像平时一样拿着梳子，说道："看看我们用梳子做什么！"然后演示如何自己梳头发。

2. 梳完说："现在轮到你试试了。"

3. 不用惯常方式拿梳子，而是把梳子握在大拇指和食指中间，递给宝宝，让他自己梳头发。

4. 认真观察宝宝的行为。梳子他用得如何？他拿到梳子后是重新调整姿势，还是立刻就能用正确方式拿梳子？他完成这个动作有多快？效率多高？

☞ 用梳子给别人梳头

1. 像平常一样拿起梳子，说道："看看我们用梳子做什么！"然后假装给玩偶梳头发。

2. 梳完说道："现在轮到你试试了。"

3. 把梳子握在大拇指和食指中间，递给宝宝，让他帮玩偶梳头发。

4. 像之前一样，认真观察宝宝的行为。

不管你的小小工具操作者在用勺子还是梳子，你有没有留意到，他都是用相似的模式？宝宝在使用工具时，他们很可能对自己使用工具比对别人更容易，行动更快，更有效率，同时不需要太多的调整。

使用工具需要在大脑里形成一个行动计划，规划如何进行。有了计划，你才知道第一次使用时如何正确手持工具。因为宝宝在自己身上用工具时做了较少的调整，这表明他在自己使用工具时更能在大脑里形成行动计划。

（所以，说真的，让学步的宝宝随手就可以够着射钉枪、钢锯、万能胶？这真是个坏主意。）

这个实验表明你的宝宝已经能熟练地解决问题。你看到他能持之以恒，制订计划去实施，而且能找到使用工具完成任务的办法。只是开始的时候，他在自己身上比在别人身上用得更好。

这种差别可能在接下来几年内更加明显。当他学会如何自己使用餐具和个人护理产品时，这些举动就变得越来越娴熟。他不必再思考要怎么才能更好地拿起梳子，因为他已经能很熟练地为自己梳头发了。而为其他人做可能一直是个难题。

要是你晕晕乎乎的，甚至忘记自己出门前是否喷了香体剂，又转身乱糟糟地收拾起宝宝的头发，你就知道我们上面说的意思了。

☞ 帮助宝宝的建议

如果你在找一种有趣的方式提高宝宝解决问题的能力，迅速地看一下他的玩具箱吧。

一项研究表明，参与更复杂的探索游戏的宝宝们——包括<u>组合</u>不同玩具以及发现物体新用途——能够更快地解决问题。这个研究同时也表明，男孩参与更难的目标导向的游戏，整体表现比女孩出色。

但是这个性别差异并不意味着男孩天生在解决问题上比女孩强。相反，它体现了男孩和女孩玩玩具的区别。男孩更喜欢一些开放性的、建构性的玩具，比如积木、球类，而且他们会用更多样化的方式去玩。男孩从中得到的这一特别经验很重要，因为它影响到他们使用工具解决问题的能力。

因此在家里准备一些有意思的、灵活性强的玩具让宝宝玩，并且陪他们一起玩，可以鼓励他们进行一些更加复杂的操作，来增强宝宝解决问题的能力——不论是男孩还是女孩！

☛ 自助建议

你是否认为这个实验完全是关于研究宝宝第一次尝试使用工具的？

请再想想。

你的宝宝已经能熟练使用一个有用的"大工具"，那就是你。（是的，你一岁的宝宝把你视作"工具"，你又能怎么办？）

你是你的宝宝使用的第一个"工具"——自他六个月大以来就是这么做的。现在他让你帮他打开装满水果的袋子，或告诉他那本他最喜欢的书里讲的是什么。再长大些，让你为他付汽油钱，大学毕业后去"寻找自我"时找个地方花你的钱，以及最后你还要免费帮他看孩子。

因此,对自己好点儿,珍惜你现在作为他的"工具"的时候吧——因为现在并不费力!

锻炼起来

实验

大多数父母在宝宝降生之后都没有多余时间"照顾自己"。你不怎么花时间弄头发,也常忘记修剪你的鼻毛。你很难睡个好觉,也几乎没有时间去锻炼。

以上这些事,这个实验都无法帮上忙。

但它将会让你的宝宝进行一次词汇学习的密集训练,让她每天都能学会一些词汇!接下来几周,你只要遵照这些简单步骤多次练习,就不仅能教会你的小可爱更多词汇——还能教她<u>如何学习词汇</u>!

年龄	能力测试
十四至二十四个月	语言能力

实验必备

☞ 一对相同形状的物体，但其他方面尽可能不同（如大小、颜色、材料和质地）。

☞ 范例：一个蓝色小塑料叉子和一个银制大菜叉。

☞ 照上例另外选三对物体——两个球、两个杯子、两块积木等。

☞ 四个其他玩具或家居用品，只要不是之前选的成对的物体，任何东西都可以。

实验步骤

1. 为你和宝宝设定一个平时玩耍的场景，可以都坐在地板上或分别坐在餐桌旁的椅子和儿童餐椅上。

2. 拿出一对你特别选定的物体（比如叉子），用玩玩具的方式摆弄它们五分钟——实验中确保边玩边叫出物体的名称不下十次。

建议用一些有趣的方式进行：

⊙ 把物体相互传递（"拿着叉子！你能把叉子递回给爸爸吗？"）。

⊙ 把物体藏在背后，夸张地再将它们拿出来（"叉子跑哪儿去了？哦，它们在这儿！"）。

⊙ 假装物体在飞（"看，叉子在飞！"）或假装物体正在走过桌面（"啊！叉子活了！"）。

- 结合其他玩具一起玩（"看，<u>叉子</u>在开车。"）。
- 把物体放在有意思的地方（"我有一个<u>叉子</u>鼻子！"）。
- 或者任何其他你可以想到的活动！有无数的可能！

3. 在玩耍中途，拿出其他的不成对的玩具或家居用品。把它给宝宝看，并指出这不是你一直玩的那个东西（"这<u>不是</u>一个叉子！"），然后把它收起来继续和刚才成对的物体再玩五分钟。

4. 重复三次步骤2和3，然后再分别用四对物体各玩五分钟。不要担心是否要必须连续玩才有效——即使你在较长时间内分开这么玩，这个实验还是会起作用的。

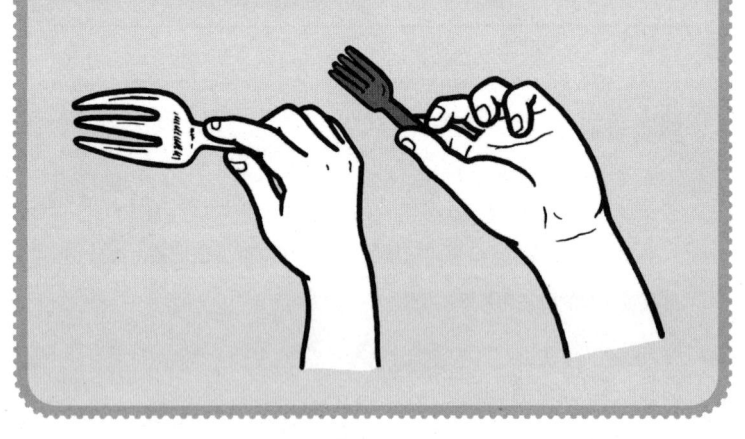

　　那好，请所有一心只想宝宝拿一百分的、获得好成绩的超级妈妈和超级爸爸离开这里。你只不过刚刚了解了一种学习方法，就想用来帮助宝宝开始刻苦学习、努力备考了——可是你甚至还没有训练她使用便器呢！（或者说你们已经在训练了？天哪！你们也太焦虑了吧！）

　　为了取得更好的效果，接下来几周内你可以多重复几次这个实验。只要你将其融入日常游戏中，操作起来并不困难。唯一的难处就是记起做这件事，因为你已经被照顾宝宝的杂事弄得头昏脑涨了。

那么这个实验如何教宝宝学词汇呢？其实很简单。比如你用相同的名称——"叉子"——来称呼两件物体，你的宝宝会本能地识别是什么让两件物体都可以被称为"叉子"。换言之，她会寻找两者间的<u>相似点</u>。在这个实验中，你选择了较为简单的任务，给宝宝看的两个叉子除了<u>形状相同外其他都不同</u>，因此她知道了"叉子"就是形状像叉子的物体。

同时，她也学习到其他三对物体的词汇（如球、杯子以及积木），这个实验教会她从形状入手记住名称。这就对了。"球"是球形的，"杯子"是杯状的，"积木"有积木的形状。把所有这些经验加以总结，她就能得知一个基本规律，那就是"某某是某某形状的"，或者一些物体是根据形状命名的。

因此，你的小小学习者清楚地知道了，学习物体名称时她需要留意什么！

给宝宝上了学习词汇这重要一课后，你肯定希望看到一些令人惊叹的成果。她不仅能更快地学会练习过的词汇，而且也有可能更快地开始学习你没有和她练习过的词汇。结果是什么呢？她每日的词汇量开始突飞猛进地增长，不久以后她就完全能参加高考了——大约早个十年八载的！

☛ **帮助宝宝的建议**

另一方面，这个实验可以有效地教宝宝学会比较和对照。宝宝比较两个相似的物体，学会相似的部分，而且游戏进行到一半时你拿出了不同名称的物体，她也能将之前的两者和这个不同名称的物体进行对照，找出不同的地方。

比较和对照这两个技巧可以让宝宝更快地认识事物，了解更多的物体。

比如，第一天你和宝宝先拿着两个一样的蓝色小塑料叉子玩，第二天再拿一样的银质大菜叉玩——她还是学"叉子"这个词。但由于你没有让她留意相关的细节，因此她要多花一些时间才能知道"叉子"就是指叉子形状的物体。让宝宝不需要你的快速提示就能明白物体是用形状命名的，这一点尤其重要，她自己能在玩耍过程中记住所有的不同之处，然后尝试自己总结出两个叉子的不同和相似之处。

研究表明，比较和对照可以帮助宝宝学会各种新东西，包括名词、形容词，还有解决数学问题、使用类比，等等。因此把比较和对照融入日常游戏场景中是十分明智的做法。要是你想教宝宝认识大小，你可以把一把小椅子和一只小老鼠玩具放在一起比较，说道："看，它们都很小！"你也可以把两个特征完全不同的东西放在一起对比，从而让宝宝了解它们的不同。拿一个大杯子和一个小杯子给宝宝，说："这个大一些，这个小一些。"运用这两种方法不仅可以教宝宝学会即将要学的名词，也可以教宝宝学习算术，当然这对她来说可能太早了。

☞ **自助建议**

现在宝宝已经掌握了比较和对照，这样你就有新办法让她忙碌起来，自己抽空休息一会儿了。下次你想让眼睛休息片刻，抽空付水电费，或者和其他人聊聊天，可是你的小家伙不放你走的时候，你可以试试：

不管宝宝找来什么玩具，或者书、个人护理用品、一些不用的物件时，你就说："哇！你找到了某某！你能再找一个某某吗？"她会很愿意试试她的新本领，于是她很开心地跑去找对应的物品了，这段时间内你就可以回到你想做的事情上。

她成功地找到该物品，跑回来和你邀功时，你继续用对照的方式指派她去找不同的物体，可以这么说："你找到一个绿色的某某！你能找一个粉色的吗？"嘘！就像这样，你就能多有点儿自己的时间了。

只要你想，就可以一直继续这个找东西的游戏。毕竟，这对她的词汇学习有好处——你也可以顺便休息一下，恢复清醒的头脑！

实验 20

快速学习者

在上个实验中,你发现了一种很有效的方法,能将宝宝大脑里词汇学习的每一分潜能发挥出来。经过之前的练习,到现在为止,他很有可能在这方面已经很擅长了,而且会变得越来越熟练。

这个实验将观察到,简单的数数练习如何反映牙牙学语的宝宝何时具备<u>立刻</u>开始学习新词汇的能力。

年龄	能力测试
十五至二十四个月	语言能力

实验必备

☛ 第一部分:选择你喜欢的方式记笔记。(纸笔、电脑及手机的笔记小程序、蜡笔以及你能在乱糟糟的家中找到的任何一团皱巴巴的纸等。)

☛ 第二部分:从家里特别挑选的四个物品。(具体见实验第二部分第一百一十四页。)

> **实验步骤**
>
> ☛ 第一部分
>
> 统计一下，至今为止宝宝共说过多少个词。这些词不一定是完整发音的，也可以是一些没说完整的词，比如只说了词中的一个音（如，"鸭子"只发"鸭"的音或"香蕉"只发"香"的音），词汇中单字的重复（如，"奶瓶"发成"奶奶"）或含混不清的发音（如，"光合作用"发成"呱呱哟哟"）。宝宝可能说出的任何表示词汇的声音都算数。

对一些人来说，统计自己宝宝的词汇量会比较简单。如果像我们一样（其实只有安贝尔在做这件事），坚持记录下宝宝说过的每一个新词汇，事无巨细地将其记录在"每日笔记本"中，这个阶段的实验很容易就完成了——只需要检查你的日志，统计一下宝宝至今说过的词汇量就可以了。

然而，要是你并没有沉迷于记录宝宝语言发展的轨迹，你就需要回顾一下至今你听宝宝说过的所有词汇。这听起来像是一项不可能完成的任务，但是研究表明，宝宝们说的第一批词汇总是大体分为几个类型：

⊙ 专有名词——家庭成员、朋友以及宠物的名字

⊙ 动物名词——猫、熊，以及任何在童谣里出现的动物（如，老麦克唐纳德农场里的动物）

⊙ 音效以及动物叫声——汽车"轰隆隆"，狗"汪汪"叫，

放屁"噗噗"

- ⊙ 食物名称——有机无麸质奶酪马克罗尼意面
- ⊙ 家居用品——毯子、勺子、碗
- ⊙ 玩具——球、书、妈妈的手机
- ⊙ 交通工具——汽车、卡车、自行车、热狗车
- ⊙ 家具和房间——床、椅子、厨房
- ⊙ 动词——搅拌、睡觉、吃、拉便便
- ⊙ 形容词——大、空、黏、臭

每次考虑一个类型，花些时间想想相关的词汇你可能听宝宝说过哪些，然后记录下来（记住，只有<u>不断尝试</u>才能列出尽可能多的词！），最后再统计数量。

实验步骤

☞ **第二部分**

1. 想一想还有哪些宝宝还不知道名字的小家庭用品——如头饰带、钳子、打蛋器、纽扣、皇冠饰品、护牙套、挖球器、叉子、镊子、指甲锉刀、皮筋、夹面包方块等等。确保宝宝确实不知道这些东西的名字，这样你就可以检测在这部分实验中，他是否真的学会了一个新词汇。专门挑选四样上述物品，组成一套，每一件最好能与下面的某一类型对上号：

◉ **主物品**:选择一件主物品,将其名称告诉宝宝,让他选择其他叫相同名称的物品(例如:一把大灰色金属刮刀)。

◉ **正确选项**:选择一件物品作为正确匹配选项,可以是与主物品相同类型的东西,但在大小、颜色和材质上有些区别(例如:一个黑色塑料小刮刀)。

◉ **混淆选项**:选择一件物品作为混淆选项,可以和主物品在大小、颜色或材质上匹配但不能是同一类型物品(例如:一个大灰色金属打蛋器)。

◉ **其他选项**:任何其他物品,可供宝宝选择(例如:一根玻璃吸管)。

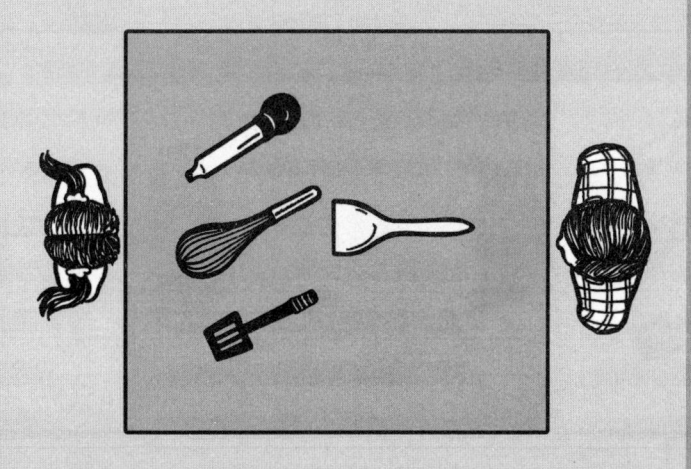

2. 和宝宝一起在桌子两侧面对面坐下,把四件物品放进一个篮筐里,篮筐放在你旁边的椅子上,让宝宝看不见这些东西。

3. 先拿出主物品,放在宝宝面前,告诉他这个物品的名称。例如,主物品是一把大金属刮刀,你就说:"这是一把刮刀。"

> **注意**：这时宝宝要是想伸手拿，也是可以的，但是要耐心地等他放下物品，或是你能轻易地从他手里拿走物品时才可以进行下一步（不要强硬地拿走，不要惹他哭）。要是他拿着物品的时间较长，你就再说一遍物品名称——"这是一个刮刀。"
>
> 4. 同时拿出另外三件物品，在宝宝面前排成一排。宝宝还可以看见主物品，但是另外三件放在离宝宝更近的地方。
> 5. 让宝宝指出面前哪个物品和主物品有着相同的名称。按之前的例子，你可以说："你能把另一个刮刀递给我吗？"
> 6. 观察宝宝选择哪个物品——触摸、用手指、拿起来或多看几眼。

我们知道你在想什么：

> 嘿，等一下！这两个实验阶段之间一点儿关系都没有啊！你是不是疯了，还是你认为我很无聊，要我数宝宝认识的词，就只是为了让我忙前忙后——就好像我让宝宝看了一部超长动画片，这样我们夫妻才能躲进卧室度过一点儿"成人"时间！

首先，恭喜你，掌握了在这些时日还可以保持性生活的诀窍。其次，这两个看似不同的实验实际上是<u>紧密相关</u>的！研究者发现，宝宝词汇量的大小（第一部分实验结果）与他学习新词的能力（第二部分的测试结果）关系密切。

对于这个阶段的大多数宝宝而言,能认识五十个以上的词汇就很了不起了。在此之前,学习新词的速度的确很慢。宝宝学会一个新词后,要几天后——甚至几周后——才能学另一个。要是在第一部分实验中,你断定宝宝只学会了不到五十个词,那么在第二部分实验中,你教他新词时,他有可能很难做出正确选择。

然而,一旦宝宝迈过五十个词的门槛,他就基本上掌握了如何学习词汇——他能更快地学习新词。如果你留意的话,可能会注意到,这个小天才一天之内可以说上好几个新词。这个新能力就是心理学家所说的"词汇飞跃"(word spurt)、"命名高峰"(naming boom)或"词汇爆炸"(vocabulary explosion)。任何能表示出"语音的有意义组合"与"突然的能量噪音释放"的词组都可以拿来用。还有一些我们自己杜撰的名称:"说话地狱""发声引爆"和"喋喋不休"。你觉得哪个合用就拿去用吧。

不管你准备怎么描述这种现象,它都解释了为什么宝宝在第一阶段实验中的词汇量不少于五十个时,可以更快地在第二阶段实验中选出正确答案。

而且他不仅能迅速学会新词汇,几周后还能记得住。他甚至可以在将来的生活中正确使用这个词——尽管他学这个词时并不在那个场景中。比如,你在动物园指着一只海龟叫"海龟",宝宝不仅可以意识到这只动物叫海龟,他还可以指出其他相似的动物——比如公园里的海龟、塑料玩具海龟、图画书里的海龟——他了解所有这些都叫"海龟"。

真棒,小话痨!确实是令人叹为观止。

☞ 帮助宝宝的建议

在这段日子里，父母脑子里总有一个很长的清单，想开始教宝宝学一些东西，对吧？比如：动物名字、动物叫声（虽然没人了解为什么叫声这么重要）、形状、颜色、数字、字母、元素周期表……从小到大的各种知识，数不胜数。

在这个清单中，宝宝学习颜色尤其困难。最主要的原因是这种学习要求宝宝只能关注颜色，而不得不忽略一个物体其他有趣的方面——比如是什么形状，做什么用，如何将它拆散并撒满全屋。这就是为什么学习颜色的宝宝年龄差异很大，平均年龄在十八个月到三岁之间。

以下建议可帮助宝宝学习颜色：

⦿ **介绍许多颜色词**。研究表明，宝宝先了解许多不同颜色的词再去学习颜色，就会更简单。相反，像成人那样从一两个颜色学起更难。

⦿ **将学习时间间隔开**。将学习颜色的时间间隔开，宝宝会学得更好。因此不要安排时间太长的密集活动来教颜色，可以把一天的"课程"分为几段进行。

⦿ **学习地点多样化**。宝宝在不同地方学习，能学得更好。在厨房备餐台上、公园里、杂货店里以及读书时都可以和宝宝说说颜色。

⦿ **比较和对照**。比较相同颜色的物体，对比不同颜色的物体。比如，"这些热狗是粉色的，但另一个是绿色的"。（注意：不要吃绿色的热狗。）

☛ 自助建议

还没当父母前,你要是习惯于脏话连篇,还没来得及改正的话,现在就是最好的时机。

你的宝宝可以听见你说的每句话,而且你会发现他一听到就跟着学。很快,他就会把他学到的话原封不动地讲给幼儿园老师听。

难道你真的希望接到幼儿园的投诉电话吗?我的天,你肯定不想!

实验 21

嘿，你真好看！

大多数父母都给宝宝照过一两次镜子，让她看看镜子里的自己。(如果你碰巧是金·卡戴珊[1]或坎耶·维斯特[2]，你的宝宝肯定在妈妈肚子里就已经拿着化妆镜照个不停了吧。)

但是宝宝究竟怎么看待镜子里的自己呢？她认为这只是一个友善的邻家小孩，每次在浴室柜前露面，"她"刚好就来找玩伴呢，还是她真的认出镜子里的人其实是她自己呢？

这正是设计这个实验的初衷。

年龄 十五至二十四个月	**能力测试** 社交能力
实验必备 ☛ 一面大镜子。 ☛ 口红或腮红。	

1　金·卡戴珊，美国娱乐界名媛，服装设计师、演员、企业家。
2　坎耶·维斯特，美国说唱歌手、音乐制作人、服装设计师。前妻是金·卡戴珊，二人育有四个孩子。

实验步骤

1. 在宝宝没有察觉的情况下,偷偷地用口红在她鼻子上画一道痕迹。口红(如果你不喜欢用口红的话,可以使用腮红等其他类型的化妆品)必须是红色或类似的深色。换言之,留下的痕迹要<u>非常明显</u>,这样宝宝的小鼻子上就会留下一块较明显的颜色。

2. 将宝宝放在镜子前面。我们发现浴室盥洗台比较适合进行这个实验,但是如果你担心宝宝会从高处跌落到坚硬地板上的话,也许铺着地毯的房间里的穿衣镜更符合你的要求。

3. 观察宝宝接下来会做什么。

在这个实验中，宝宝的反应（在你眼里她可能没有一丝反应，脸上的表情好似酒馆里的砖墙，反应平平）大概会是以下两种表现之一。

第一种，她可能会伸手触碰镜子，想去触摸镜中的影像，想和它玩。如果是这种表现，这表明宝宝并不认为镜子中的影像是自己，而认为是玩伴。因为自我认知并不是天生的，而是后天发展出来的能力，因此对于一岁半左右的婴儿来说，这是完全正常的反应。

第二种，当拥有了自我认知这项能力后，你的宝宝就会开始做出全新的反应。她不会再和以前一样伸手触碰镜子了，而是能理解镜中宝宝脸上那个奇怪的痕迹实际是她脸上的。同时她也知道那个痕迹本不该出现，她会伸手摸她自己的脸——希望能把那块奇怪的东西立刻擦掉！

令人惊叹的是，自我认知能力似乎是人类发展中与生俱来以及必不可少的一部分。不管是谁，长相如何，或住在哪儿，都会在大约十八个月大的时候学会认识自己的外貌。甚至在没有使用镜子习惯的文化中长大的宝宝，也会在这个年龄开始认识他们自己。

科学家们在动物身上做相似的实验时发现，一些高智商的物种——海豚、黑猩猩——也能够认识自己。那么那些不怎么聪明的动物呢？它们并不能做到。因此，当宝宝不再伸手去摸镜子，而是开始擦拭自己的鼻子时，我们就应当将其视为一个里程碑——此刻，你的宝宝已经比你家的宠物狗聪明了！

☞ 帮助宝宝的建议

要是宝宝在镜子前并没有认出自己,你可以考虑帮帮她,让她意识到镜子里的影像是她自己。看起来并不难,对吗?镜中影像正同时和宝宝做着完全一致的事情。但实际上,不管你喊多少次"看哪,这是你!看哪,这是你!",她都没法意识到镜子里的影像就是她。

你也不需要花时间一次又一次地重复实验,来准确判定她何时能意识到镜子里的人是她。实际上,你要是好奇,想知道宝宝何时开始转变,从不知道镜中人是谁转变到对着镜子精心打扮,你只需要倾听她说了什么即可。

认识自我的能力和宝宝的词汇增长刚好是相辅相成的。宝宝能认出镜中和照片中的自己,与此同时,她也就开始使用人称代词了。因此,如果你听到宝宝开始用"我""我的""我的东西"等词语时,你就可以将她抱回镜子前。在旁仔细观察——她现在很可能会成功地通过测试!

一般而言,善于倾听宝宝的语言,了解她的词汇量,就能更清晰地知道她新学到的技能。比如,通常当宝宝学会"消失"这个词的时候,他们正好完全了解了物体恒存概念。当他们学会"那里"和故作停顿的"嗯哦"的时候,他们正在学习如何通过几个步骤解决问题。当他们学会"中间"这个词的时候,他们能根据许多地面标识的中间找到定位。因此你要是想知道宝宝的大脑进入了什么新的发展阶段,一定要竖起耳朵听宝宝说了什么。

☛ **自助建议**

在你完成这个实验后,舔舔你的大拇指,让它沾满口水,然后用满是口水的大拇指清洁宝宝的脸,擦掉她鼻子上的口红痕迹。毕竟,宝宝要许多年后才会意识到这有多丢脸、多难看,所以你现在还是可以好好利用这样的机会的。

体重忽上忽下的宝宝

实验 22

继续实验之前,请你站到镜子前,正视自己的眼睛,重复我们的话:

"我有一个两岁的宝宝。"

听起来很疯狂,对吧?正如我们一样,你不知道过去这二十四个月是如何飞逝的,也回忆不起没有宝宝之前的生活是怎样的。

这个实验将带你重温一遍过去,让你回忆一下你的小宝贝在过去两年里是怎么一步步平稳长大的——同时也让你了解,成长并不是那么平稳。

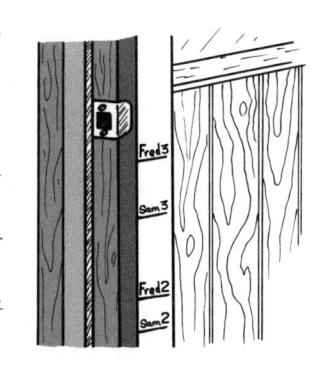

年龄	能力测试
二十四个月及以上	身体发育

实验必备
- ☛ 宝宝的照片——你大概会有一两张四处摆放的吧?

> **实验步骤**
>
> 1. 收集一叠自宝宝出生以来的他的照片，按月份整理好，放在相册里的实体照片更好。（虽然一个塞满海量照片的硬盘可能更实用些。）
> 2. 按时间顺序浏览这些照片，仔细留意宝宝什么时候相对<u>更胖一点儿</u>——胖胖的脸蛋、圆圆的小肚子。
> 3. 看看哪个时期的照片中，宝宝从看上去胖嘟嘟的，转变成较<u>修长且苗条</u>的样子。

随着我们的第一个宝宝逐渐长大，我们发现，有几次看着她时，觉得她看上去真的太瘦了，但也有其他时候，她看上去好像重了几磅。事实上，在一张度假照片上，我们发誓她在故意显示出她的三层下巴（至少有一层的出现是因为她很兴奋，她不敢相信竟然在商场里能坐在圣诞老人旁边，所以控制不住做了鬼脸）。

过了一段时间，我们才意识到其中有规律可循——我们的女儿就在她明显<u>变高瘦之前</u>反而看上去更胖。就好像她的小身体把婴儿肥都储存了起来，再突然挤成了新的高瘦的样子。

其实，这正是实际在发生的。这也正是你在翻看宝宝照片时可能留意到的！

宝宝在经历生长突增。突然增高之前，增加体重是普遍现象。到两岁时，他很可能经历了许多小的生长突增。因此，现在有必要回顾一下，看看你是否能发现这些小增长。

既然已了解了要观察什么，你就可以开始观察现实生活中宝宝的成长，看看你是否能预测他什么时候开始长高。也许到那时，你就不会因为他突然穿不下鞋而感到意外了吧。

也许哦。

☛ 帮助宝宝的建议

另一个预测生长突增的方式是监测宝宝的睡眠规律。研究表明，在生长突增阶段，宝宝更需要睡眠，晚上的睡眠时间和午睡时间会更长。或许你会因此希望他们一直处于生长突增阶段，对吧？

总的来说，充足的睡眠对于宝宝的身体和大脑发育都是很重要的。睡眠专家注意到，不充足的睡眠会使宝宝表现出疲劳、易怒、注意力减退、学习能力低下以及行为问题增多。研究还指出，睡眠过少导致的表现确实与注意缺陷多动障碍（Attention Deficit Hyperactive Disorder）的症状类似。

睡眠不足对宝宝造成的影响并不会非常明显且夸张地表现出来。研究者曾任意选择过九岁至十一岁之间的若干儿童，让他们连续三个晚上早睡一小时或晚睡一小时，然后让这些儿童参加一系列的认知测试。结果如何呢？睡得较少的儿童反应更迟钝、记忆力更差，学习能力也不好。因此，一晚上仅少一小时的睡眠，就会让儿童的大脑受损，从而影响他在学校的表现。

你的宝宝需要多少睡眠时间呢？研究者分析了成百上千个宝宝的睡眠规律，最后根据年龄得出了以下平均睡眠时间的结论：

0 岁：14 小时，包括 3 小时午睡时间

1 岁：13.5 小时，包括 2 小时午睡时间

2 岁：13 小时，包括 2 小时午睡时间

3 岁：12.5 小时，包括 2 小时午睡时间

4 岁：12 小时

5 岁：11.5 小时

6 岁：11 小时

7—8 岁：10.5 小时

9—10 岁：10 小时

11 岁：9.5 小时

12—14 岁：9 小时

15 岁：8.5 小时

16 岁：8 小时

由于个体儿童的实际睡眠时间会有很大差异，因此要是你的宝宝不完全符合以上的数值，请不要太忧心。试着监测他的行为，反复实验，找到合适他的睡眠时间表，从而确保宝宝有足够的睡眠。一旦找到合适的时间表，坚持按照时间表来执行。宝宝的睡觉时间保持一致很重要，每天睡觉时间不同会打乱他们的生理节奏，从而导致行为问题。

如果你家宝宝的睡眠有很大问题，试着坚持执行睡眠时间表，包括晚上的睡眠和午休时间。在睡觉前保证规律的睡前活动，这样宝宝就会明白上床睡觉的时间到了，要停下手上的事情，平静下来准备睡觉了。

在我们家，小宝宝的睡前活动包括：

- 换尿片
- 爸爸和姐姐的晚安吻
- 妈妈喂奶并轻摇入睡
- 唱歌

大宝宝的睡前活动包括：

- 上厕所
- 刷牙
- 读一本书
- 即兴讲故事
- 唱歌

☛ 自助建议

请不要忍不住给自己肥肉横生的脸庞和大肚腩找借口，说自己马上要经历生长突增。

没有人会相信的。

但是大家会相信一件事：现在你家中有一个两岁的宝宝，你大概只有十六年后才有时间再开始锻炼健身了。

第三年及以后

宝宝已经长大，他的本领也见长。

两岁的宝宝擅长很多事，比如跑、跳（尽管需要较长的一段时间，宝宝才能弄明白如何让<u>两只脚同时离开地面</u>）、滔滔不绝地说话，遇到什么都说个不停，让你的耳朵都磨出茧子来。而且他可以做较难的练习，如智力拼图、数数、构想复杂的假设情景、磨炼谈判技巧，使之高超到连当地的汽车销售员都自愧不如。

因此，你的小天才如何学习那些<u>还不会</u>的本领才是会让你惊叹的事。

大一点儿的宝宝掌握的那些令人惊叹的新本领，有时会让我们误以为自己的宝宝会的比实际掌握的多。这一章中的大多数实验会设计一些测试来为难这些小机灵鬼们，尽管你本以为他们绝对能轻松通过，比如你的小能人通常能"诓骗"你睡前多给他讲一个故事，但你发现他无法完成一些简单的事情，比如突然不知道自己是否分得了相同大小的蛋糕。

有了这些实验提供给你的信息，你会知道宝宝的优点和弱点，就能更好地确定自己是否要求太高——或何时你需要稍微给他施加一点儿压力。

你的宝宝正在长大，而这些实验会让你特别注意到，他还是非常需要你的。你在接下来的章节中读到的建议会让你明白，如何在宝宝的思维能力、解决问题能力及学习能力的培养和发展上发挥至关重要的作用。作为父母，你的作用从来没有像现在这么重要，你每天的行为都在帮助将宝宝最终塑造成为一个小小思考者。

这些实验会帮你协助他走向成功。

我觉得够了

实验 23

你的宝宝很聪明。

她总是展现一些让人惊叹的新本领，没有一天不带给你惊喜——画出一个笑脸符号、说话会用"终于"这个词、自己穿裤子。

当然，其他时候宝宝也会做一些傻乎乎的事，这时你就不得不放下大学神童班超前入学申请的小册子，并告诫自己：她只不过是个宝宝。

这个实验要解释的就是关于这些失败的时刻。我们现在就要警告你，你家那个聪明的小家伙不仅仅会让你惊讶，还会彻底让你发疯。

年龄	能力测试
二岁至六岁	解决问题能力

实验必备

☛ 一张桌子。

☛ 三块饼干（要是你自己忍不住想吃一块，最好准备四块）。

实验步骤

1. 和宝宝面对面坐在桌旁。
2. 放两块饼干在自己面前,一块在宝宝面前。
3. 问她:"我的饼干多,还是你的饼干多,或者我们的一样多?"
4. 像她那么聪明的宝宝,一定会回答你的更多。(很明显这一点儿都不公平。)
5. 在宝宝看着你的同时,伸手拿起她的饼干,掰成两半,再把掰好的两半放回她的面前。
6. 问宝宝:"现在我的饼干多,还是你的饼干多,或者我们的一样多?"

哇哦,对不对?(我们告诉过你,你会疯了吧。)

即使你的小机灵鬼看着你把唯一的饼干掰成两半,她也肯定会说你们俩的饼干数一样多,而且她会非常高兴的!

现在你可以绕客厅一圈庆祝胜利了。你不但发现了一个好办法,让家里的甜点费用减半,还获得了一个相当妙的新派对玩笑。要是你还想把这个实验再提升一个档次,你可以在遵循上述的步骤之后，再伸过手去，将宝宝的饼干掰出第三份。如果你的宝宝在第一部分实验中已经中招的话，现在她一定相信她的饼干数比你的多——她会感觉像中了大奖一样！在这个实验最令人兴奋的关头，我们的女儿萨米真的继续把她的饼干掰成更小块，极其快乐地大叫道："更多！越来越多！"嘿，她并不是每天都能得到她想要的所有甜点。

你的宝宝在这个测试中的反应是极其普遍的，这个年龄的宝宝很容易在数量问题上出错。然而为什么宝宝们会犯这个错误呢？

实际上，这都归因于七岁前宝宝的两个误解。首先，他们只能一次留意事情的一个方面（在这里，他们只注意到你们两人拥有的饼干数量），因此他们很难考虑其他相关细节（比如一半饼干比整个饼干小）。第二个误解是，他们没有意识到即使一个物体的外表发生变化，它还是保留了它的根本属性——比如体积。

这两个误解并不只会在这个实验中出现——她在很多情况下还会犯相同的错误。拿两杯一模一样的水给她看，然后把一杯水倒进更宽更矮的容器里，她会认为新的容器装的水更少。两个同样大小、用橡皮泥捏成的球，将其中一个压成长条状，她会认为那个压扁的长条用了更多的橡皮泥。在她面前拿两摞相同的硬币，将其中一摞硬币散开在桌上，她会觉得散开的硬币比摞起来的多——即使她很容易就能数清数量！

过了一段时间，宝宝将不再犯这两个错误，会成长为一个全新的思考者——可以同时兼顾很多方面，且做出权衡以解决问题。由于她能同时考虑数量和整体体积，因此就算你把她的饼干分成两半，她也将不会再被你捉弄。她会意识到物体即使改变了形态也能保持它的实质。她能更灵活地思考，根据自己的逻辑找到合理的解决方案。

因此，各位小心点儿，因为如果那时你们再说"因为我说过"这样的话，极有可能会被她驳回来，认为你给了一个很差劲的答案，而且她反驳你的理由将会是全面思考过的，有条理、有逻辑的。因此你可能现在就要开始准备你的抗辩理由了。

☛ 帮助宝宝的建议

看到你的宝宝在实验中被捉弄，你可能会想："我能不能教她，让她明白，这样她就不会犯错了？"通常，这个问题的回答是："不行。"你不可能简单地教宝宝一些道理，期望能加快其认知发展的速度。宝宝的发展是需要时间的，随着年龄的增加，并在成长中不断积累为人处世的经验，才能实现认知的迅速发展。

除了在这个实验中，其他情况下你还是可以教她的——至少在一些情况下。研究者们指出，让宝宝通过遵循指令学习，是要把握一个重要契机的。你可以重新做这个实验，从而发现宝宝是否具备了这样的契机。在宝宝告诉你，你们俩的饼干数量是否相同的时候，问问她是如何知道的。留意她回答时做出的手势。

宝宝开始理解数量时，他们使用语言和手势通常会遵循一个惯有规律：

◉ 宝宝不理解物体即使形态发生改变，数量也没有变化这个道理时，他们的语言陈述和手势会有相应的体现。比如，宝宝可能会这样说："因为我们两人都有两块饼干。"然后比比她有的两块，再比比你有的两块。

⊙ 宝宝开始有点儿理解（大概在六岁阶段），他们的语言陈述和肢体表现会不一致。比如，宝宝可能说："因为我们两人都有两块。"但是她可能会模仿出掰饼干的动作。这样她说的和做的完全不一致。即使她的语言不能表达出她发现两人饼干的不同，她的肢体动作却传达出她察觉到你只是把她的饼干掰成两半。

⊙ 最后，宝宝完全理解时，他们的语言陈述和肢体动作又完全一致了。比如，宝宝可能会说"你的更多，因为你只是把我的饼干掰成两半"，然后模仿出掰饼干的动作。

宝宝的言行不一致表明她正处在转变中。某种程度上，她即使说不出，也能理解这个状况，同时她更愿意遵循指令做事。因此，抓住这个机会引导她注意与饼干相关的所有方面的信息——不仅仅是你们俩都有两块饼干——这样就可以帮助她理解，即使她的饼干发生了变化，总量还是不变的。（虽然我们不知道为什么你要这么做。朋友，她很愿意只吃半块饼干！为此感到开心吧，不要再问问题了！）

你也可以找寻其他场合中宝宝言行不一致的情况，不一定要和饼干相关，只要是解决问题的场景就可以。事实证明，通过不同的实践，宝宝在无法自觉地用言语表述新学到的知识之前，他们更愿意通过肢体动作来传达。因此，要是宝宝出现言行不一致的情形，这是宝宝准备学习的信号——好好回应他们吧。

☞ 自助建议

大多数宝宝都对吃甜食乐此不疲。但正餐如何呢？你要和一个挑食的宝宝斗智斗勇，就要充分利用这个实验中她表现出来的错误！改变宝宝不喜欢的食物的形态，可以让她觉得盘子里的食物更少——这样她就更容易吃下去。

要是她不喜欢喝牛奶，就把牛奶倒入一个更大的杯子里。

要是她不愿意吃土豆泥，就把它们碾成另外的形状。

要是她厌恶吃豌豆，就把它们聚拢到一起。

要是她吃完以上这些还想要额外的奖励，就告诉她，如果好好吃饭，饭后就可以吃两块饼干！

（你明白我的意思，对吧！）

实验 24

盒内思考

大家都说做父母只能付出不能求回报。但是和儿童麦片广告里的动画角色相比，做父母还是好多了。在麦片广告中，一只饥饿的兔子想要吃早餐麦片，但由于麦片"只限宝宝食用"，因此它的请求被拒绝了；或出现一个矮精灵，正狼吞虎咽地吃着从你身边偷走的五颜六色的早餐。不管是兔子还是精灵，宝宝们从来都不会给它们好脸色看。

但是这可能不是他们的错。

仅通过一个麦片盒，这个实验将向你展示，宝宝通常只能想到自己，很难想到他人。

年龄	能力测试
二岁半至四岁	社交能力

实验必备

- 一个麦片盒。
- 将一些意想不到的东西放进盒中（记住，宝宝会看到它——因此不要把万圣节的断手装饰、性爱玩具放进去）。

实验步骤

1. 确保宝宝不在你身边时，悄悄地把盒里的麦片拿出来，换上你选的出乎意料的东西。记住，你可以放任何你能想到的，而宝宝却想不到的东西。铅笔、弹力球或你的高中年鉴都可以。
2. 给宝宝看麦片盒并问道："你认为这个盒子里是什么呢？"宝宝应该会说"麦片"——如果她不这样说的话，试试换个她能认识的盒子。
3. 拿出盒子里的东西——和她之前猜的不同！
4. 再把东西放回盒子，让她设想她的好朋友来家里玩，接着问她："你觉得你的朋友会猜盒子里装着什么呢？"

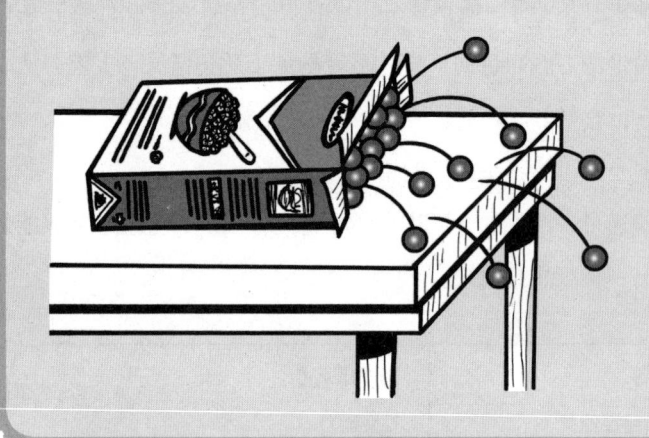

除非宝宝的好朋友可以透视，你清楚地知道，好朋友会认为盒子里装着麦片。但是你的小宝贝不会这么说，对吧？四岁以下的宝宝几乎都会说，他们的朋友会猜盒子里是那个意想不到的东西——即便这个朋友从来没看过盒子里的东西，也绝对猜不到麦片以外的东西。宝宝这么回答是因为她已经知道了答案，而且她无法将自己的认知和朋友的认知区分开来。

因此，此刻宝宝不能象征性地从别人的角度看问题。那你能从中了解到什么呢？她确实无法从别人的角度想问题。研究者们曾经搭建了一个巨大的三维山景，从不同的角度可以观察到不一样的景色——比如从左边可以看到一只山羊和一棵松树，从右边可以看到一座房子和一只狗。他们先让宝宝从不同侧面观察这个布景，接着让他们坐在一侧，一个实验人员站在布景的另一侧向他们提问。实验人员问："你们看到了什么？"所有这些幼儿园宝宝们都准确地回答了问题。但当实验人员又问："我看到了什么？"宝宝们都没意识到其他人看到的和他们自己看到的不一样，就回答了一样的答案——即使他们知道山的另一边有不一样的风景。

从和宝宝的对话中也可以知道，他们很难从别人的角度考虑问题。你是否与宝宝有过类似的对话：她并没有告诉你之前发生了什么，而直接从故事的中间开始和你说？或者你问她今天在幼儿园过得怎样时，她只是回答"不知道"或"没什么"？她并不想让你抓狂，只是她没有意识到你和她了解的信息并不相同，你不可能知道她知道的所有事。在她看来，因为她知道故事是如何开始的，以及她今天在学校做过的事，你也应该知道——因此有必要再说一遍吗？

但是等宝宝到了四五岁左右，所有都会发生变化。宝宝会开始意识到其他人想的和她想的不一样。要是那时候你再做这个实验，你的小乖乖就能告诉你，她的朋友因为从来没看过盒子内的东西,可能会猜盒子图片上画的东西——麦片!一旦宝宝这么回答,就可以说他们具备了"心智理论"(theory of mind),或者说他们能理解其他人有自己的想法、感受和信仰。

具备心智理论在宝宝的社交能力发展过程中是至关重要的一步。宝宝要是能熟练完成这类探察别人心理的任务(例如这个实验),就能应用心智理论进行更复杂、更有意思的人际交往。结果会如何呢?他们会具备更强的社交能力、更好的社会适应力,同时同龄人也会给他们更高的评价。让学前儿童按照他们喜欢的程度,将他们同学的照片分别放进标有笑脸、无表情脸或哭脸的盒子中,孩子们放入笑脸盒中更多的是那些具备心智理论的同伴的照片。

因此,你的宝宝在实验中刚学到的,也许某天将帮助她成为优秀的社交家——至少帮她免除一张超速罚单。

☛ 帮助宝宝的建议

帮助宝宝练习思考和谈论别人的想法和感受。他们练习得越多,就越早能建立起心智理论的意识。因此,要是你想帮宝宝更快加强能力,可以用以下方法助其一臂之力:

⊙ **鼓励宝宝玩假装游戏。** 因为假扮需要从不同角度来看世界,因此玩假装游戏可以锻炼宝宝的社交能力。当宝宝假扮成不同的角色,或与不存在的朋友说话时,他们不得不考虑别人的想法、经历以及行为动机。

⊙ **多和宝宝讨论感受和想法。** 让宝宝说说她自己的感受,并引导她思考别人的想法和感受。要是你刚好看见游乐场上的一个宝宝推倒了另一个宝宝，问问你的宝宝，如果这件事发生在她身上，她的感受是什么。看书时，和她聊聊是什么想法和原因促使书中的人物那样做，为什么画面中的人物会有那样的表情——那表情又表达了什么样的感受。

◉ **有兄弟姐妹的陪伴。**兄弟姐妹一直待在一起，不管是一起玩耍还是争吵，他们总是要了解彼此的想法。虽然你现在什么都做不了，但宝宝能从哥哥和姐姐身上学到不少，他们可以和大一点儿的宝宝玩更难的假装游戏、角色扮演，也可以互相说说自己的想法和感受。

☛ 自助建议

你喜欢和宝宝捉迷藏吗？为了你自己，在她形成心智理论之前多和她玩几次这样的游戏吧。宝宝还不能从另一个人的角度看问题的时候，她的躲藏技巧非常可笑——她会连续二十七次躲到窗帘后面。你一开始找她，她就边躲藏边大笑或者大叫"你找不到我！"，她甚至会可爱地坐在房间中央闭上眼睛，因为她看不见你，由此断定你也看不见她。

一旦宝宝能站在你的角度看问题，她就会非常擅长玩捉迷藏。她超可爱的躲藏伎俩就成了过去式，而你不得不费力寻找才能找到她！

实验 25

重要的是想法

要是你带着宝宝乘飞机,你会被告知当危机时刻氧气面罩从顶部脱落时,你应该先给自己戴好面罩,再给宝宝戴。

即使只有五分钟没留神,你身边这位小小乘客就会在飞机折叠餐桌上乱蹦乱跳,但遇到紧急时刻,他也很可能会乖乖地听话,等着你帮他戴面罩。

试试和宝宝一起做这个简单的购物实验,看看他是怎么看待在帮助他人之前先帮助自己这件事的。

年龄	能力测试
二岁半至四岁	社交能力

实验必备

☞ 一台电脑。

☞ 网络。

☞ 一些基本的在线购物技巧。

实验步骤

☞ **第一部分**

1. 打开一个购物网站，宝宝大人的东西上面都有，不要选只卖玩具的玩具反斗城或只卖办公用品的网站。

2. 将四本适合成人看的书籍（或其他一些适合成人的礼物）以及四只不同颜色、不同风格的泰迪熊（或其他一些适合宝宝的礼物）放进购物车中。确保打开的页面可以同时看见这八件待购商品。

3. 随意选一个宝宝熟悉的大人——比如奶奶——然后对他说："我们需要为奶奶选个礼物。你能帮我吗？"

4. 假设你的宝宝和我们的一样爱自己的奶奶，听到你的话后，他很有可能非常高兴，很愿意帮忙。但是在给宝宝看你挑的商品前，告诉他："我要给你看看我挑的一些文字书，没有图画，但大人都喜欢读，还有一些泰迪熊玩具。你帮我挑一件当作礼物送给奶奶。"

5. 把购物车里已选好的商品给宝宝看，一边指着那些书和玩具熊，一边问道:"你想挑哪个给奶奶?"

6. 看看他会选择哪个作为礼物。

☞ **第二部分**

1. 在相同的购物网站上,另挑选四本供大人阅读的书籍和四只泰迪熊玩具放入购物车。选择另一名宝宝熟悉的大人,为其挑选礼物——比如爷爷。

2. 这次告诉宝宝:"现在我需要你帮助我选两件礼物。其中一件给你!另一件给爷爷。我会给你看一些书,全是字没有图的,但大人喜欢,还有一些泰迪熊玩具。你要为自己挑一个,为爷爷挑一个。"

3. 把放在购物车的商品给宝宝看,并且问道:"你想要哪个礼物呢?"

4. 看看他选了哪个礼物。(不用担心——像我们的宝宝一样,他可能很快就忘记了玩具的事,你也不用真的买给他。)

5. 现在问宝宝:"你想挑哪个给爷爷?"

6. 看看这次他为爷爷选了哪个礼物。

要是让你挑礼物送给爷爷,应该不难,对吧?你肯定会从购物车里选择一本成人书籍——有专业机构授权的超赞的礼物。(欣喜若狂吧,爷爷!)然而,在这个实验中,你三四岁的宝宝在选择适合大人的礼物上会难以决断——尤其在第一部分实验中。当你告诉宝宝他只能从购物车中挑选一个礼物时,他可能会为大人选择泰迪熊玩具,因为他自己很想要。(要是他和我们女儿当初的反应一样的话,他就会满怀热情地立即做出决定。)在第二部分实验中,他很可能先为自己选好泰迪熊后,再为大人选择一本书。

在实验的两个部分中,宝宝都被要求选择一件适合大人的礼物。但是当他只能为别人选而不能为自己挑选礼物时,他就难以舍弃心中所爱,进退两难。他想要玩具熊,他迫切地想要玩具熊。如果他不能拥有玩具熊,天哪,至少他的奶奶将会收到一个玩具熊!只有在你满足了他的迫切需求后,这个小购物狂才能冷静下来考虑别人的需要。

这并不是因为宝宝不懂得哪个礼物更适合奶奶。实验设计者在发布礼物任务之前,先让宝宝按照大人和宝宝的喜好来进行分类,将一系列的物品(如钱包、口红、食谱、玩偶、水瓶以及玩具卡车)分别放入两个不同的箱子里。他们发现,尽管宝宝很容易识别物品是谁用的,但在他们自己得到礼物(或得到礼物许诺)之前,是选不出适合大人的礼物的。在那之前,他们就是没法做到。

送礼物即使对大人来说也不是个简单的事情——我们中有许多人都不擅长此事。研究表明,像宝宝一样,大人们比想象中更容易被自己的喜好左右。例如,研究者曾在成人中调查,他们是否喜欢二十世纪六十年代至八十年代的音乐。接着,他们让同一批受访者预测和他们意见相同的人比例是多少。不管他们选择什么年代,这个研究中的受访者都一致相信他们自己的选择就是大多数人的选择,而且他们也的确高估了实际的比例。因此,也许你认为薰衣草味的泡泡浴液"最适合爷爷",当你还在为之前挑选的那瓶超赞的浴液感到十分得意时,实际上你的选择只是出于你内心潜意识里的需求。

这个实验确实很难,因为宝宝不仅要考虑别人,还要满足别人的欲望,而这个欲望和他们自己又有直接的利益冲突。有的三岁的宝宝在得到礼物之后还是无法选出适合成人的礼物。这项任务需要他们控制自己内心的冲动,对他们还在发育的大脑提出了极高的要求。

你知道是什么增加了这个测试的难度吗?研究表明,不管是对宝宝还是大人来说,自制力都是很难得的。在上午六点被宝宝吵醒之后,我们做父母的不得不强迫自己不再睡回笼觉,而是要强压着怒气不停地大声应付宝宝,心里暗暗告诉自己下午晚点儿时候就可以拥有自己的开心时光。然而人的自制力非常有限,每当我们多忍一会儿,耐心就会少一点儿,之后要集中精力再忍一会儿会变得越来越难。难怪养宝宝是如此让人精疲力竭!

我们很难整天保持强大的自制力,那么设想一下,宝宝就更难。记住这一点会让你更加理解宝宝的弱点,避免过多要求他们。也许对宝宝的局限性的测试也可以让你的自制力得到更好的锻炼。

☞ 帮助宝宝的建议

我们喜欢这个实验的原因是它给予宝宝足够的自由。把购物车的控制权交给宝宝,让他帮你做决定(即使这只是一个虚假的场景,你最后也绝不会按照他的决定做)。

经常给宝宝选择权会很有意思,能帮他建立起独立意识,同时避免行为问题。

因为宝宝对自己的生活少有实际的掌控,让他们有权做一些选择——即使这些选择需要大人预先拣选、首肯，或不是完全独立的选择——也可以让他们感到自由，有掌控感。因此，让他们自己选择衣服、从你挑过的两种食物中选一个作为午餐。

你知道的，这都是一些小事。

☛ 自助建议

在这个实验中，宝宝对新玩具无法抗拒，这种渴望让他很难做决定。你要是和一个上幼儿园的宝宝在一起的话，你就知道这只不过是每一天都会有的场景。宝宝不停地看到很棒的新玩具、绘本、午餐盒，以及各种各样、颜色各异的东西，这些都是他已经拥有的，但他就是<u>无法离开它们</u>。这对你和他都有影响，它会导致宝宝不停地提出要求，大哭大闹，甚至拳打脚踢。

幸运的是，我们已经找到了一个有效的方法，用来抑制宝宝对新东西永不休止的欲望。它让我们省去了好多麻烦，也许也能帮上你的忙。

准备好了吗？以下就是我们的建议：

我们会备下一个虚构的愿望清单，上面列着宝宝想要的所有东西。这个单子可以<u>很长，无所不包</u>。当然宝宝想要的任何东西都在上面，但我们从来不用写下来，只是假设它存在着，而且让宝宝很高兴，至少我们把他们想要的加到了列表里，稍微满足了他们的愿望，他们总有一天能拥有这些东西（即使并不能实现）。

这个愿望清单起初只是我们女儿在两岁生日前的一个生日愿望清单，那时她想要我们买很多东西。生日一过，我们就告诉她，她想要的东西可以列入当年的圣诞节礼物清单。接下来是情人节礼物清单——实际上根本没有什么情人节清单。最后生日、节日都过完了,她想要的东西也都列在她的"清单"上了。现在不管什么时候她问是否能买某样东西时,我们就说:"看起来很不错,把它列在你的单子上吧!"她觉得她的需求被人回应了所以很高兴。我们也很高兴,不用一遍又一遍地听她唠叨了。

这个愿望清单很有效。前几天我们成功地将女儿拉出了玩具商店,告诉她这里的玩具已经全部列在愿望清单里了。

有时你只要施展一下"父母魔法",就会感觉很棒。

实验 26

小小记忆者

很久很久以前，在你还没有宝宝（或承担任何真正责任）的时候，你大概会记得你参加的一两个派对的场景，每个人都捧着低价的一次性红色塑料杯喝着廉价酒。当然，根据你当时续杯或干杯的次数，你很可能已经不能完全记起那些派对了。

那些廉价的塑料杯让你的记忆一片模糊，而这个实验正好倒过来，这些杯子现在能帮助你的宝宝前所未有地大大增强记忆能力。

年龄	能力测试
三至四岁	记忆能力

实验必备

- 八个不透明的杯子，要完全相同的。（既然你近期不会再举行任何疯狂的啤酒派对，那些红塑料杯便会经久积灰，这时刚好派上用场。）
- 两个体积不大的动物玩具，可以藏在任何一个倒扣的杯子下。
- 一张桌子和两把椅子。
- 一台摄影机、婴儿监视器，或一个谨慎的宝宝看护者，在实验期间观察宝宝的行为（这一条是备选项，但是强烈推荐使用）。

实验步骤

1. 将八个杯子倒扣在桌面上，围着宝宝所坐的位置摆一圈。随手拿一个动物玩具（比如小狗）放在桌上，另一个玩具藏在附近的房间里，不让宝宝看见——最好从那个房间能清楚地看见你和宝宝所坐的桌子和椅子，以及桌上的杯子。

2. 用玩具狗和杯子作为道具，给宝宝讲一个故事。可以这么开始和宝宝说："我要给你讲一个故事，是关于这只小狗的。"接着拿出小狗。

3. 你接着说："他来到空地上。他很喜欢玩。他跑着跳着……"你拿着玩具狗表演起来，让他绕着桌子跑一圈，并围着杯子玩耍。

4. 继续往下讲故事："但是他玩得太疯了，感觉很饿。于是他到处找吃的。他走过这所房子，这所房子，接着是这所房子，然后是这所房子，还有这所房子。"手上的玩具狗经过一个杯子，你就说"一所房子"。从一端让玩具狗经过五个杯子，往另一端走。

5. 接着说："后来他走进这所房子，找到了一些食物。"抬起下一个杯子把狗藏到下面。

6. 说到这里，你突然停下来，说："你知道吗？我要让另一个玩具帮我们继续把故事讲完。等我把它接来。在此期间，你要记住刚才小狗藏在哪里了。我很快就回来，你一定要记得小狗在哪儿。"

7. 现在留意一下——这是实验最重要的部分。你取另一个玩具过来期间，让宝宝自己待在桌旁大约一分钟。你要悄悄留意宝宝在你走开期间做了什么。注意她看向哪里，动了什么东西，她是怎么打发时间的。你最好把这个最重要的部分录下来，或让另一个人观察宝宝，这

8. 一分钟后，你回到桌前问宝宝："现在，小狗在哪儿？你找到他后，我再接着讲故事。"

9. 宝宝把小狗找出来给你看，你接着讲完故事。故事可以快速收尾（"接着，小狗和其他动物一起又蹦又跳。故事讲完了。"），也可以精心设计再缓缓收尾（"小狗遇见另一只动物，他们决定一起做生意，便宜买进所有房子，将它们重新装修，安上地板，装上大理石台面，最后将装修好的房子转手，赚一大笔钱。但由于税务原因，他们不得不在内达华州注册成立公司，接着花了几周的时间决定新公司的标志。"）。其实你怎么结束故事都没关系——这时实验已经结束，你可以尽情编故事。

你离开的那一分钟内，宝宝做了什么？她是否只是呆坐在那里等你回来？或者她表现活跃，尝试记住玩具的位置？这种情况下，宝宝的表现一般是后者。他们要么盯着下面有玩具的杯子，要么用手指着或用手动那个杯子。他们甚至可能掀开杯子偷看，确认一下，是的，那只狗还藏在下面！

这些针对性的动作对于记住玩具的位置十分重要，它们代表了宝宝开始尝试主动记忆一些事情。我们大人努力记住事情时，总是有很多方法辅助，多半有效，用起来也得心应手：我们会将信息整合成更为简单的形式，方便记忆（比如，"从左数第三个杯子"），在心里不断重复要记的信息，或画思维导图、讲故事，或者记住信息的首字母。宝宝至少要到五六岁才会用这些较复杂的记忆方法辅助记忆。但是这项任务中，宝宝集中精力去记忆，是最基本的记忆方法。

这些有意识的记忆确实有效果。设计该实验的研究者们让一组宝宝在大人不在的一分钟内记住小狗的位置（正如你在这个实验中所做的一样），而对另一组宝宝在同样情况下却没任何交代，研究者只是离开一分钟去拿另一个玩具。这个实验的结果表明，前一组受嘱咐记住位置的宝宝用了更多的记忆方法（看、指、摸以及偷看）——因此他们把小狗的位置记得更牢。

即使你的宝宝从来没听过突击测试这件事，她也学得很快。看着她灵活应用、认真思考，解决了这个难题，你可以期待她将来在学习上的表现。你可能想象不到，这一天很快就会到来。因此，珍惜你和你的小宝贝相处的日子，就像藏在塑料杯下的小狗——尽可能地盯住它，永远不要将它忘记。

☛ 帮助宝宝的建议

要让宝宝增强记忆能力，让他们为这件事赋予意义是一个好办法。一项研究为监测这种办法是否有效，让两组不同的儿童记住购物清单。研究者让其中一组宝宝记住要买的食物，从而能把清单内容复述给别人；让另一组宝宝也记住相同的内容，同时让他们自己能买到这些东西，并且用它们做一个午餐包，和自己的父母一起吃。比起只是要单纯记住内容的宝宝，对于那些参与午餐活动的宝宝们，食物都被赋予了意义，因此他们记住了更多内容。

不仅是宝宝，大人也能从有意义的信息中获益。不管在什么年龄，人们越深入地处理信息，就能记得越牢。你找到的新知识和旧知识之间的联系越多，之后就越容易回忆起来。用一些个人相关的事例来联系新旧知识不失为一个好方法。

宝宝太小了，还不会使用这样的记忆方法，但你可以帮助她。每次对她讲解新话题时，试着将其与她之前的知识联系起来，从而帮助她理解和记忆。比如，要解释树是怎么从泥土中获取水分和养分长大的，你可以拿人类和动物吃饭喝水打比方，再加入更多她自己的经历，比如她如何帮爸爸喂家里的小猫，这样就为树的成长赋予了意义。

☞ 自助建议

你是否利用过宝宝刚学会的能力帮你回忆事情呢？一项针对三至五岁儿童的研究中，实验者带宝宝外出散步，其间她故意弄丢钥匙，让一些宝宝记住丢钥匙的位置。而这些宝宝在之后的找钥匙环节中都做得更好。

当时第一次做这个研究，我们想出了一个好主意。我们开始整天不停地让宝宝帮我们记事：

"哦，我把钥匙放在了钢琴上。你能帮我记住吗？"

"请试着帮妈妈记住，我们一会儿去商店要买牛奶。"

"我们把车停在蓝线区，G 排，编号 4758 的车位，能帮我记下吗?"

　　好了，好了。也许让我们三岁的宝宝成为专职私人助理并不是什么好主意。但是切记，宝宝的记忆能力会因为她成为你的小帮手而逐渐增强。很可能她非常愿意在某些重要事情上助你一臂之力。即使宝宝最后并没有记住任何你交代的事情，你自己大声地说一遍，也能帮助你去记忆。

实验 27

不熟练的转换者

作为父母的你熟练地在不同事情间转换。你能帮宝宝穿衣服、换尿片,陪他们读书、吵一架、抹去泪水,再结束一场超有趣的挠痒痒大赛——所有这些事情都完成了,手边正在做的炒鸡蛋还没有焦。

但是你的宝宝却很难从一件事切换到另一件事。

这个实验会让你明白,宝宝的大脑现在有多灵活——并且教你一个<u>重要办法</u>来提高他的灵活性。

年龄	能力测试
三至四岁	解决问题能力

实验必备

☛ 一套特别的卡牌,如右图所示——照着做或你自己设计,其中须包含:
- 一张黑色心形卡牌
- 一张白色星形卡牌
- 五张白色心形卡牌
- 五张黑色星形卡牌

- 两个托盘或盒子,用来分类卡牌。
- 一些胶带。
- 宝宝能够从一数到十的能力。

实验步骤

☞ **布置**

1. 将黑色心形卡牌和白色星形卡牌分别用胶带贴在两个盒子上以做标识区分。将这两个盒子并置于桌上,能清楚看见贴好的标识。

2. 弄乱五张白色心形卡牌和五张黑色星形卡牌,将它们整理成一摞,图案朝下放置在桌面上。

3. 和宝宝一起坐在桌旁。

☞ **第一部分**

1. 告诉宝宝:"这是一个颜色游戏。黑色牌放到这里(指着黑色心形标识的盒子),白色牌放到这里(指着白色星形标识的盒子)。"

2. 从一摞牌中递给宝宝一张,并提醒他:"记住,黑色的放这里,白色的放那里。"让他把牌面朝下地放进他选的盒子里。

3. 只在他放第一张牌时,告诉他是否放置正确——"是的,你放对了!"或"哦,糟糕,这张牌应该放在另一边"。他接下来放任何牌都不要评价。

4. 将剩下的牌一次一张地递给他,让他自行分类,每次都提醒一遍:"记着白色牌放这边,黑色牌放那边。"

5. 记下宝宝放对了几张牌。

> 第二部分

1. 重新洗牌，整理成一摞放在桌面上。
2. 对宝宝说："好的，现在我们换一下，玩个新游戏：形状游戏。这回心形的牌放这边（指着黑色心形标识的盒子），星形的牌放这边（指着白色星形标识的盒子）。"
3. 从一摞牌的顶部拿一张牌递给宝宝，提醒他："记住，心形的牌放这边，星形的牌放那边。"
4. 将剩下的牌一次一张地递给他，让他自行分类，每次都提醒一遍："记着心形牌放这边，星形牌放那边。"
5. 记下宝宝这次放对了几张牌。

你可能注意到两个游戏规则不同，游戏第二部分正确的放置位置和第一部分刚好相反。（如果你没有留意到，那么，我们肯定你弄错了宝宝的分数。）这样的规则调换意味着宝宝不得不在实验中途完全改变他的思维方式，这样才能通过整个测试。

但事实上这样的情况并没有发生，不是吗？你的宝宝很可能第二部分的分数更低。

转换游戏的规则产生的困扰并不是因为宝宝记不住第二部分的规则。这一点他们没有问题。要是当你三岁的宝宝弄砸了第二部分的实验后，你马上就问他："刚才颜色游戏中你把黑牌和白牌分别放哪儿了？""那现在的形状游戏心牌和星牌又应该放哪儿？"他能够告诉你正确答案。

只是宝宝在这样的实验中往往倾向于持续动作，或思维陷入一开始他们就遵循的规则。你之前让宝宝关注每张牌上的图案是黑还是白的时候，他很容易就能做到。毕竟宝宝都会不假思索地学习和遵照规则。然而，你要他们改变分类的方法，按形状而不是颜色来分派卡牌，这就需要更高级的思维运作。首先，他们得记住两套完全不同的规则，这两套规则是互相冲突的。接着，他们得强制自己忽视第一套已学会的规则。这对于大多数三岁的宝宝来说太难了。这就是为什么尽管你在第二部分的实验中不断地提醒他要按形状分牌，他还是忍不住继续按颜色分。

他大概会在四五岁左右才能完成这样的操作。那时，他应该不会那么执着，能在同一个游戏中从一套规则快速地转换到另一套规则，而且很容易完成卡片分类——不管你让他怎么分！

☞ 帮助宝宝的建议

你想知道如何简单且有效地让宝宝更好地完成这样的任务吗？

你说"想"？

答案就是，让他学习第二种语言。

研究表明，双语儿童能成功完成这个游戏的年龄比只会说自己母语的儿童早整整一年。这确实拉开了很大的差距，毕竟宝宝来到这个世上才短短几年！

但只有当双语儿童不停地在两种语言（或两种规则）之间切换时，会说两种语言才能帮助宝宝成功完成此类实验。因为人们在说两种语言时，要记住两种不同的语言规则，他们的大脑要不断练习才能在讲一种语言的同时不去想另一种语言。

这就意味着每天交谈时，双语者比只会说一种语言的人更伤脑筋。这增加了许多额外的脑力劳动——从而使认知能力得到增强，大脑运行也更健康。事实上，得阿尔茨海默病的双语者能推迟七至十年发病。虽然建议老年人多玩电脑游戏、猜纵横字谜来锻炼大脑、远离痴呆，但一个双语者只需说话就可以多锻炼大脑。

那么请考虑一下让宝宝学习第二语言吧。尽管初学第二语言费时费力，但能说两种语言的宝宝能够终生受益（甚至延长寿命）。

☛ 自助建议

宝宝越长越大，你肯定会发现一些你之前立好（或没立好）的规矩需要做一些调整。我们也从过往经验中得知，一旦你试着树立新规矩，宝宝也许并不喜欢。这正是因为持续动作的缘故。

比如：

也许你养成了每晚将宝宝哄睡后，在屋里走来走去——到处都是宝宝丢的玩具、书、除胶后的贴纸、之前找不到的袜子、吃了一半的苹果片，你一一搜罗整理。突然有一天，你意识到不应该由你来做这些事，因此你就制定了一个新规矩：他必须在睡觉前把东西收好。宝宝听后一定会大哭大闹、抱怨个不停，还会不断地说"我太累了"之类的话。同样，要是你总是吃饭时让他边吃边到处跑、玩耍，到外面餐馆吃饭，你就别指望他能奇迹般地乖乖坐着，好好表现。

甚至在你津津有味地品尝熔岩巧克力蛋糕时，旁边一直帮你换骨碟的餐馆服务员也会告诉你，宝宝是不可能乖乖坐着吃饭的。

让人难以接受的是，你之前成功地教会了宝宝一些规矩（比如，他没必要收拾玩具，也没必要非得坐着吃饭），现在你想让他固执的小脑瓜忘记之前的规矩，记住新规矩，这绝对不可能。

这种情况下，你要做什么才能解决问题呢？不好意思，没有其他办法，就算再难也只能坚持实施你的新规矩——因为不坚持下去只会让宝宝知道，让你改变主意的好办法就是和你在这件事上死磕。尽你所能地渡过难关，等到他五岁时，他的思维就会变得灵活，一切就好商量了。

同时，通过这个实验，你了解到宝宝有持续动作这个特点，因此实施新规矩一定要利用上这个特点。比如你要换一部新手机，你也可以制定一个规矩——这部手机只能爸爸妈妈用。在宝宝养成坏习惯前，阐明你的立场——不要退缩，即使你的小可爱真的、真的立刻就想拿你的手机自拍一张。

实验 28

现实与幻想

你的宝宝一定<u>超爱</u>假装游戏吧。这个衣柜？是她的房子。那个泰迪熊？是她的宝宝。这只猫？是她的马，接下来，她的骑术课即将开始！

（抱歉，是骑猫课。）

尽管宝宝知道假装游戏是什么——每天她参与到越来越多这样的游戏中——这个实验也说明了她还需要了解如何区分现实与幻想。

年龄	能力测试
三至五岁	社交能力

实验必备
- 你自己。
- 你的宝宝。
- 至少知道宝宝喜欢看什么卡通片。

实验步骤

这个实验包含一套简单的问题，由你和宝宝共同回答。开始前，你先想两组不同的卡通人物，分别来自两部宝宝和你都熟悉的卡通片。下面提供一些可能的范例（其实任何两组人物都可以，只要你们俩都熟悉）：

- 米老鼠、唐老鸭和高飞
- 蓝爸爸、聪聪和蓝妹妹
- 柔柔、紫悦、苹果嘉儿
- 太郎，奥图和猫神金刚（或许你不会选这几个卡通人物，但你的宝宝真的会喜欢这些长相奇怪、年代久远的日本动漫人物。）

☛ 第一部分

你选好两组卡通人物之后，请思考下述问题，看一题回答一题，不要提前预览。这里我们选定上面的第一组人物为例，在实际操作中可以随意替换为你选择的人物。

1. 想想你选择的两部卡通片中的人物：

- 你认为米老鼠是真实存在的还是想象的？唐老鸭是真实的还是想象的？高飞呢？

- 你认为蓝爸爸是真实存在的还是想象的？蓝妹妹是真实的还是想象的？聪聪呢？

2. 想想其中一部卡通片里的人物是怎么看待另一部中的人物的（反之亦然）：

- 唐老鸭认为蓝爸爸是真实的还是想象的？

⊙ 蓝妹妹认为米老鼠是真实的还是想象的?

3. 想想每部卡通片里的人物是怎么看待同一部片子中的其他人物的:
   ⊙ 米老鼠认为高飞是真实的还是想象的?
   ⊙ 蓝爸爸认为聪聪是真实的还是想象的?

你能回答所有这些问题吗？不错！让我们看看你的答案和其他人的有多少相同。设计此实验的研究者发现，总的来说，成人大多是这么回答问题的：

⊙ 问题1。几乎所有的成人都认为卡通人物是虚构的。这个答案并不意外。

⊙ 问题2。大多数成人认为一部卡通片中的人物都会认为另一部中的人物是<u>不存在的</u>。（虽然本书作者会辩驳，所有的卡通人物都共同存在于一个幻想世界中，在那里他们彼此都认为对方是真实的，这种想法完全符合逻辑。但是鉴于这个问题对实验结果并不是那么重要，我们就不管它了。）

⊙ 问题 3。坦率地说，大多数成人都赞同这点——卡通片中的人物都认为和自己同一部片中的其他人物是真实存在的。

实验步骤

☞ **第二部分**

问宝宝同样的问题，你之前已经自己回答了一遍——接下来比较你们的答案。它们是否一样？如果不一样，哪里不同呢？

基于对三至六岁的大多数宝宝的答案分析，我们非常肯定你的宝宝的答复会像这样：

⊙ 不存在。

⊙ 不存在。

⊙ 不存在。

宝宝对于前面两组问题的答案并不令人奇怪——和你的答案一样。但是到第三个问题，宝宝的回答肯定和你的不同。最早做这个实验的研究者发现，虽然几乎所有成人都赞成同一部卡通片里的人物彼此间承认对方真实存在，但几乎所有的宝宝都觉得他们认为彼此是假的。

很疯狂，对吧？你和一大堆人在同一个蘑菇小镇里吃着相同的精灵莓，你们都长得差不多（头上戴着白色帽子，蓝色皮肤，有三个苹果那么高），并躲避同一个坏人——那个坏人是一个嗜猫如你的巫师。你怎么能认为他们不是真的呢？就像唐老鸭说的一样："究竟是怎么回事呢？"

实际上这很简单。你从本书之前的两个实验"盒内思考""重要的是想法"中了解到，宝宝很难站在别人的角度思考。一个三四岁的宝宝也没法从另一个人的角度出发，想象那个人会想什么。五岁前都这样。因为这个实验增加了难度，她需要站在不同物种的角度，这个物种甚至还不是真实存在的，所以她需要更长时间才能具备这种能力。

或者不需要那么长的时间——只要你能给她一些小小帮助，帮助她转换视角。

最早的研究者重复这个实验时，他们在问同一部片中的人物是否彼此肯定对方的真实存在之前，他们先问宝宝这些人物是否可以看见、摸到对方，并互相对话。"蓝妹妹可以看到蓝爸爸吗？""蓝妹妹摸得到蓝爸爸吗？""蓝妹妹能和蓝爸爸说话吗？"宝宝听到这些问题后，不得不真正地从别人的角度思考，这样他们很可能意识到人物彼此之间认为对方是真实存在的！

☛ 帮助宝宝的建议

在学前阶段的几年内，假装游戏一般会从自己独自游戏到与同伴共同游戏、构建的活动。和其他宝宝共同建立一个假装游戏的场景是一项复杂的练习，需要彼此沟通、掌控以及构建故事。

要是你想帮宝宝培养这些技巧，你——只能和她一起玩！

因为你的游戏经历更为丰富，而且更能理解他们的想法和感受，因此你可以做一个完美的示范，让宝宝学会构建更加复杂的假装游戏场景，引导她创造出更加连贯的故事。比如，宝宝只是将玩具食物放在盘子上，总是递给你她"新做好的菜肴"，她就已经非常高兴了。但是如果你想积极地参与她的游戏，你可以将这个基本的版本变得更复杂——你们俩可以开餐馆，定好店名和菜单，再准备一沓纸与笔，这样你就可以记录下顾客的要求。你还可以设计，今晚有一个重要的美食评论家来店里品尝美食，你要为他做一顿精美可口的饭菜。也许这样做，你就能得到职业生涯中梦寐以求的米其林星称号，从此餐厅档次大大提升，菜品价格也水涨船高，你的照片还能登在《高价美食》杂志的封面！

即使你的故事编得有点儿离谱（到开餐馆这步就足够了），让宝宝看着你用这么复杂的、高级的方式进行场景构建，就能帮助她培养能力，这样她就能高效地和同伴玩假装游戏。

然而和宝宝玩的时候，你要记得让她也参与到故事编撰中。试着观察她是怎么玩的，如何加入到假装游戏中的。不要企图取代她掌控整个游戏过程——这样你们都能获得更多。

☛ 自助建议

尽管你已成年，但你的个人发展也没必要停下来。研究表明，经常读小说的成人一般能更好地解读他人的面部表情和理解他人的感情。想知道哪种文类最能提升你的共情能力？爱情小说。

因此，下次到图书馆或逛机场书店时，你要是拿起一本名字极其庸俗的书，不要觉得不舒服。它们完全能帮你给宝宝树立一个阅读的好榜样，促进共情能力的发展——并获得一些简单庸俗的刺激。

实验 29

我不是动物

宝宝有时像猴子一样四处攀爬,像青蛙一般跳来跳去,有时如小虫子一般可爱至极,而时常又像小猪一样邋遢得一团糟。但到了晚上,他又变回了那个最让你惊奇的小人儿。

年龄	能力测试
三至七岁	解决问题能力、分类能力、计算能力

实验必备

- 五六个动物小玩具,必须都是同一类动物(比如狗)。
- 两个另一种类的动物小玩具(比如牛)。
- 虽然这个实验并不是真的需要这项,但要是你有一台神奇的玩具吸纳分类机该有多好!正如苏斯博士[1]笔下描绘的那样,这台机器可以每天把宝宝堆在一边的、散落各处的小狗、小牛以及其他的塑料小玩意儿都吸进去,再将它们分好类,分别吐进摆放整齐的盒子中。
- 说真的,难道这样不棒吗?

---

[1] 希奥多·苏斯·盖索(1904—1991),美国著名作家及漫画家,以创作儿童绘本出名。"苏斯博士"为其常用笔名。

尽管宝宝呈现出许多不同的侧面，你还是包容和喜欢他的所有方面，这并不难。但是要让宝宝同时用不同方式思考是十分困难的。在你可爱柔软的小抱抱兔身上做这个实验，你就会明白我们的意思。

实验步骤

1. 将所有的玩具都立在平整的地面上。
2. 说出这些动物中数量最多的那种，问宝宝："这里是狗更多还是动物更多？"
3. 留意你的小可爱会怎么说。

哈！你的宝宝上当了，不是吗？

你问的是到底这里有更多的狗还是更多的动物。我们都知道狗是动物的一种，你拿出了几只狗和一些牛——据我们所知，它们刚好也是动物——那么显然动物是正确答案。

但你的宝宝大概不会这么想。

他听到你问的问题后，似乎自然而然地将你的问题改为了"这里是狗更多还是其他动物更多？"即使你重复强调，宝宝很有可能会坚持说狗更多。当时我们也和自己的女儿做了这个实验，过后我们问她："你怎么知道的呢？"她回答道："因为这里有许多狗。"（可以明显听出她这句话的潜台词是："嘿，爸爸妈妈，这还用说吗？"）

这就是这个实验最有意思的地方。三岁到七岁之间的宝宝此时正热衷于数数，因此参加这个测试他们将会很高兴。你提出的问题似乎只是让他们算出动物的数量，所以他们觉得很容易——也愉快地迅速答复你。只是出了点儿小问题？他们的答案可是完全错了。

这个实验是让·皮亚杰（Jean Piaget）设计的，他是儿童发展领域的先驱，举世公认、高瞻远瞩、受人尊敬。他明白这个实验不仅仅是一个儿童猜谜游戏，更是在测试宝宝是否能够同时考虑一种情况的各个方面，进而解决问题。宝宝不能准确地回答这个问题，是因为他们很快就能认出那些小狗玩具，并将其归类为"狗"，却不能意识到他们还应该将其归于"动物"类的玩具。

皮亚杰认为，能够正确地回答出此类问题是宝宝的认知能力发展的一个重要标志。一旦宝宝们能达到要求，就意味着他们已经成长为更具创造性和评判性的思考者，能够用这些新技能去解决各类课堂及课外问题。

☛ **帮助宝宝的建议**

由于这个实验把宝宝绕糊涂了，你大概会觉得他不怎么理解数字的意义。不仅仅是你这么想，甚至连杰出的理论家皮亚杰也相信宝宝要到大约七岁才能了解数字。但你（同皮亚杰一样）错误地低估了宝宝这方面的思维能力。

尽管他们答错了类似的问题，但在上幼儿园之前，宝宝们实际上还是可以理解很多基础的数学概念的。学前儿童也会数数，能识别相对数量（比如六比四大），做简单的加减法运算。

对宝宝而言，由于上幼儿园之前，他们对相对数量的理解决定了今后他们数学水平的高低，所以此时进行类似数字技巧的培养是很重要的。宝宝越早掌握基本的数字概念，高中时的数学成绩就越好。

但是不要因为你的宝宝暂时还记不住乘法口诀表而慌乱。我们并不是建议你让宝宝进行大量高强度的数学训练，让他们长时间地盯着数字闪卡看，也不是要你给他请来价格高昂的数学私教。相反，你可以通过每天简单的互动轻而易举地增强这些数字技能：比如边走楼梯边数数、吃葡萄时做简单的加减法、和宝宝一起玩有关数字的牌类及棋类游戏。

只要平时进行一些数字训练就会大有帮助。一项研究表明，学前儿童只要花十五分钟玩四局数字排列游戏，即棋子沿着标有数字的空格前进（比如滑道梯子棋），他们的识数就有明显的进步，而且这种进步可以在游戏后持续数周。

在你正努力将更多的数字对话和游戏融入你的日常生活的同时，确保让宝宝有同样的机会体验数字。研究显示，美国父母们和男孩谈及数字的机会是和女孩的两倍。因此，你要是想培养一个小公主的话，这是很棒的想法——但请你帮助她，确保她知道怎么才能数清她皇冠上的宝石数量！

☛ 自助建议

要是在一次社交聚会上,你遇上了一群发展心理学家,只要说出皮亚杰(或发出"皮-阿-佳欸"的音),他们就会不自觉地热情起来,围坐在你身边。以下任何一个即兴提示都可以达到这样的效果:

- "好像他们从来没听过皮亚杰什么的!"
- "皮亚杰,我说得对吗?"
- "致敬皮亚杰!"

接着敲敲你的杯子,和他们热情地击掌,然后就等着社交软件上加你为好友的邀请蜂拥而至吧。

骗子，骗子，裤子着火

实验 30

你知道这个故事吗？乔治·华盛顿六岁时，他很镇定地承认自己砍倒了爸爸最喜欢的樱桃树，并且说道："我不能说谎。"

人们总是以这个故事为例，来证明这位第一任总统是多么地高尚诚实。但是你知道吗？这只是因为他的年龄还太小，不善于撒谎。要是再等两年，他砍了那棵树后，很可能会把责任都推给弟弟。

这个有趣的小实验让你可以观察宝宝撒谎能力的发展轨迹——这样你就可以清楚地知道你什么时候上当了。

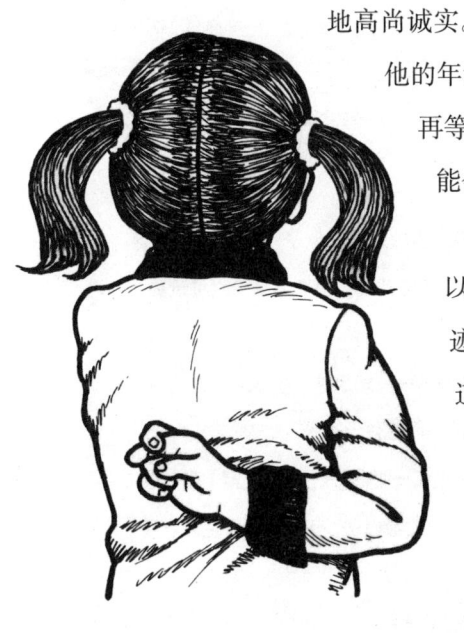

年龄	能力测试
三至七岁	社交能力

实验必备

- 一篮发声玩具,外加一个不发声玩具。
- 一条毯子或浴巾。
- 一张桌子,两把椅子。
- 一台摄影机或无线婴儿监视器,用来观察宝宝的举动(非必需但推荐使用,尤其可以留着以后自己观赏)。
- 一个奖品。

实验步骤

☞ 布置

1. 将宝宝玩具中声响最大的发声玩具放进一个篮子——会说话的娃娃、乐器、玩具电话、敲钹猴子,诸如此类。争取凑至少六种玩具,发出的声音尽可能独特且各不相同。

2. 另外放一个不发声的玩具到篮子里——如足球、积木或毛绒玩具。用毯子或浴巾盖住篮子,将里面的东西遮住。

3. 摆好桌子,拿两把椅子放在桌边。一把椅子(你的位置)面对着桌子,另一把椅子(宝宝的位置)背对着桌子,这样她坐下后就看不到你或桌子了。

4. 将那篮盖上浴巾的玩具放在你的椅子旁。

5. 可以的话,将摄影机或无线婴儿监视器固定好,以便拍摄整个实验中宝宝的一举一动。

☛ **实验过程**

1. 让宝宝和你一起玩猜谜游戏，告诉她："每次我会让你听一个玩具的声音，你不能看，要猜猜我拿的是哪个玩具。要是你猜对三个，你就会得到一个奖品！"

2. 和宝宝一起在桌边坐下。即使她背对你，你每次拿出玩具时，都要提醒她不要偷看。

3. 从篮子里拿出一个玩具，放在桌上，让它发出声音——接着让宝宝猜猜是什么玩具。重复这个过程，依次拿出其他玩具，直到她能正确猜出两个玩具。

4. 这时宝宝再猜对一个玩具就能拿到奖品，你拿出那个不发声的玩具，放在桌上，打几次响指。

5.（在宝宝要猜这个玩具是什么之前）马上说你要离开一会儿，很快回来。离开前，告诉宝宝："记住不要偷看。我会把这个玩具留在桌上，我回来的时候你要是猜对了就能得到那个奖品。记住，不要偷看！"

6. 离开一分钟左右。要是你准备了监视器，这会儿就可以看了。

7. 回房间之前，大声说话或唱歌，给宝宝提示，让她知道你马上就回来了。你一回来就把那个玩具用浴巾遮住。

8. 问宝宝："现在，你认为刚才发出声音的玩具是什么？"

9. 如果她答对了，就问她："你怎么知道？是不是刚才我不在的时候，你偷看了？"（要是她不回答，就承诺不管她说什么你都不会生气。）如果宝宝答错了，就拿出其他玩具，继续和她玩听声音猜玩具的游戏，直至她猜对第三个玩具。

10. 奖励小小猜谜者一个奖品！

宝宝猜对了那个不发声的玩具了吗？猜对的话，就要恭喜你们，从现在开始，你可以正式不相信任何从她嘴里说出的话了！很明显，她绝无可能从声音推断出这件玩具（因为它根本不能发声），要是她猜对了，基本可以肯定她偷看了。而且她要是说她<u>没有偷看</u>，就是在说谎。

这个实验模拟了宝宝最早说的谎言类型之一——否认做了不该做的事。要是知道大多数宝宝在这个实验中都会偷看，而且大部分宝宝也会就此撒谎，应该会让你好受一点儿。但不是<u>所有</u>宝宝都如此。比如，三岁宝宝中，大约有一半会承认他们做过的事——大概因为他们还没开始学习撒谎的技巧吧。

那么请好好珍惜这段时间，好吗？

即使宝宝开始说谎，你也很容易识破——至少开始几年是这样的。研究表明，宝宝在八岁之前都不大擅长撒谎。在一项研究中，宝宝在回答类似这个实验中的问题时，人们可以准确地推断宝宝是否撒谎——即使他们并不认识参加实验的宝宝，或根本不知道宝宝是否偷看了。大部分宝宝（尤其是年龄较小的）根本不需要追问就会自己露出马脚来。

另一方面，有<u>些</u>宝宝是说谎的小能手，即使他们偷看了也会答出另外一个玩具，而不回答他们了解到的，这样你就完全掌握不到具体情况。随着年龄的增长，他们撒谎的技能越来越高。一旦宝宝长到六七岁，你就要小心了。你可能需要开始在睡觉时睁着一只眼，把钱包放在大腿间提防着。

我们女儿三岁时开始参与谎言实验。一次，保姆陪着她，我们出门时给了她一块饼干。回来后我们问她是否喜欢吃，她回答:"哦,我想弗莱迪吃了我的饼干。"我们很吃惊。那块饼干很大,一岁的弟弟不可能吃得完——而且坦白地说,我们都不能想象她会让弟弟<u>靠近</u>她美味的甜点。我们有点儿糊涂了,因此我们瞠目结舌,皱起了眉头,嘴也不自觉地张大,并伸出舌头。但接着她决定澄清事实,说道:"哦,我是说它掉到了地板上,脏了,谁都没吃。"这时我们意识到我们的小女孩正在骗我们,好让她再吃一块饼干。我们问她是不是在撒谎,她答道:"我没有撒谎。我只是在开玩笑!"

考虑到谎言和玩笑有时都是故意说或做一些错误的事,因此我们的女儿弄混了玩笑和谎言实属正常。但理解谎言需要更深入地了解对方的意图,不仅要知道他说过什么谎言,而且要知道这个谎言是特意用来捉弄别人的。这就是为什么宝宝总是在理解谎言之前先理解玩笑。

虽然撒谎让我们做父母的十分苦恼,但实际上,会撒谎则证明宝宝很聪明。为了骗过你,宝宝得考虑你的想法,准确判断你会做什么,以及你对什么不知情。她也得编出一个像样的故事,记住许多相互矛盾的细节(比如实际发生的事情与她自己捏造的假故事之间有什么不同),还要有自律性,让自己不要不小心说漏了嘴。小小脑瓜一下子要同时进行很多思考。

这也就是宝宝的撒谎能力与整体智商发展有关的原因。

在类似这个实验的情况下,撒谎的宝宝一般都会在计划测试、解决问题测试以及分清主次能力的测试中取得高分——而这些能力都是智力发展的重要因素。因此即使这个实验让你发现了一个正在成长中的"小骗子",它至少也证明了她一定很聪明!

☛ 帮助宝宝的建议

你想让宝宝<u>更</u>会撒谎吗？当然你不会这么想（除非你是一个受虐狂）。这就是为什么观察<u>自己</u>的行为很重要，这样你就可以避免宝宝谎话连篇、难以自已。

宝宝撒谎最主要的原因是逃避惩罚，因此要是你已经知道宝宝犯了错误，还一直追问她，这样只能让她对你撒谎。比如，你走进厨房，宝宝正在吃午餐，你发现地上到处都是食物，你这时已经知道这是谁造成的了。然而由于某些原因，你的第一反应大概是询问怎么回事（用怒气冲冲的语气）："是你把食物扔到地上的吗？"宝宝不愿意让你失望——更加不想被你惩罚——因此你质问她时，她很难不撒谎。

相反，应该尝试直接陈述事实而不是问问题。"我看到你将食物扔到地板上了。扔食物是不对的，我很生气。现在你必须自己收拾干净。"你还是可以很生气地说这番话，这样能让你感觉好一点儿。

实际上，逼着宝宝撒不必要的谎最后会导致<u>更多</u>的谎言。尽管所有宝宝都会练习撒谎，但研究表明，当撒谎成为习惯后，他们在青少年时期会有更严重的不良行为。撒谎熟能生巧并无大碍，但今天的小过错和将来令人扼腕的大错误之间只是程度的区别。

☞ 自助建议

既然你的"小骗子"已经初尝谎言的滋味,你就要武装起来,掌握尽可能多的识别谎言的技巧。以下是宝宝试图蒙蔽你的一些常见表现:

⊙ **说话说漏嘴**。正如你在这个实验中所看到的,宝宝经常会在说话时不小心泄露了她的谎言。因此追问细节,她可能会露出一些说谎的蛛丝马迹。

⊙ **不可信的细节**。和真实发生的事情相比,宝宝编的虚假故事更有可能涉及一些天马行空或不可信的细节。比如,沙鼠肯定不会吃掉她的成绩报告单。

⊙ **每重复一遍就添加一些新东西**。宝宝重复讲述真实的故事,多半会一直重复同样的细节,而不会增加新东西。但编造的故事并不会受实际发生的事情限制,宝宝的谎话总是前后不同。

⊙ **灿烂的笑容**。撒谎的宝宝多半会像一个政治家一样露出明眸皓齿的大大的笑容。因此,即使他们非常可爱,也要特别小心宝宝的笑容,尤其在你怀疑他们的造假行为时。

涂鸦笔记

实验 31

你是否在经历下列场景时，不断地走神、开小差？比如反复听着自动语音系统，告诉你客服代表将"马上为您服务"；挤进一个尺寸超小的桌子等待家长会的开始；或陪宝宝看他最喜欢的电视节目，无聊透顶、低能至极，而且貌似这周已经是第二百次观看了。

在这种情况下，你有时会发现自己会在面前任意的纸片或袒露的皮肤上随便地写写画画、胡乱涂鸦。

但对你的宝宝而言，涂鸦的意义不仅仅只是消磨时间。假装和宝宝玩游戏，一起实践这个简单易行、可重复练习的实验，会让你了解他的记忆是如何变得复杂起来的——最后也能留下一个可爱的实验纪念品！

年龄	能力测试
三岁至以后	记忆能力、符号应用能力

实验必备

☞ 一套标准的记忆游戏牌，即画有对应图案的配对牌。

☞ 几张纸。

☞ 宝宝习惯用的书写用具。

实验步骤

1. 按通常玩法洗好记忆游戏牌，成列摆好。

2. 开始游戏之前，递给宝宝几张纸和笔，告诉他可以在游戏中用来记下他觉得能帮助记忆的事。图画、词语，甚至是他最喜欢的六十年代反战歌曲的歌词——任何可以帮助他记住牌的位置的东西都可以记下来，这样他就能更容易地找到配对的牌。

3. 如往常一样玩游戏，轮流翻开每张牌，凑成对。

4. 特别注意宝宝是如何做笔记的。

和宝宝玩记忆游戏是一项有益于大脑的活动。但当你加上让宝宝用纸笔做记录后，你就可以更好地了解到你的小宝贝是怎么思考的。

游戏结束后，仔细看看宝宝胡乱做的笔记。因为这项实验适合不同年龄段的宝宝，他的笔记有可能是任何样子。"有效"的笔记——就是那些可以真正帮助宝宝玩游戏的笔记——需要宝宝会使用符号，这些符号能真正帮助他们记住牌的位置。比如，可能画一些格子，代表牌的摆放位置，接着每翻开一张牌就在相应的格子里标记。翻到上面有花的牌就在格子里画一个类似花的标志，或者也许只是写下字母 F（当然要是这张画着花的牌旁边刚好有一张画着火烈鸟侦探法比奥的牌，字母标记就没什么用了）[1]。

一开始，年龄较小的宝宝并不擅长这样做。他们做的笔记一般就是随意画几笔，和游戏一点儿关系都没有。更小一些的宝宝甚至会被画画吸引，而忘记了还在玩游戏这回事。

随着宝宝年龄增长，他们越来越懂得笔记是为游戏做的，因此他们的笔记更能帮助他们赢得游戏。做过该实验的研究者们发现，在小学一年级到初中一年级之间，孩子做笔记的能力会有较大的发展，因此应留意那段时间孩子身上发生的巨大变化。

有意思的是，年龄较大的孩子能很好地利用笔记，最后真的不靠记忆来赢得比赛，而是依赖笔记获胜。要是你在游戏中途拿走孩子的笔记，他就无法记住那些配对牌的位置，因为之前他是

---

[1] 原文中"花（flower）"和"火烈鸟侦探法比奥（Fabio）"的首字母都是"F"。

靠笔记才有效地找到位置的。同样，没有手机的通讯簿，你也就无法记住自己妈妈的电话号码，从而没法给她打电话。

在接下来的几年中反复做这个实验，观察宝宝的记忆能力和符号使用能力是如何发展的。你甚至可以保留所有他之前的笔记用来做一个比对，这很有意思吧！

当然，除非你忘记这么做了。这样，你下次应该自己拿纸记下来。

☛ 帮助宝宝的建议

你想知道如何方便地教宝宝学会做有效的笔记吗？鼓励他认真练习他的书写。好的，我们了解了。这听起来完全是在敷衍，就像说要让别人真的喜欢生日礼物的话，最好在盒子上绑一个又大又漂亮的蝴蝶结一样。但是我们还没说完，关于好的书写就能让笔记更有效，并不是说宝宝书写得漂亮有多重要——而是书写得快才是重要的。

研究表明，做笔记做得好的人都书写得较快。为了衡量书写的速度和顺畅程度，研究者们给学生们设定了三十秒钟，让他们尽可能多地书写字母。通过比对学生们的书写速度和笔记质量，他们发现在较短时间内写得更多的人，记的笔记也更能突出重点、紧贴主题。能够较快书写意味着整个书写过程更自觉，书写本身不需要太多的思考。这样写得快的人可以花更多心思在其他方面，比如集中在课程内容、重构知识框架等，从而做出更有效的笔记，同时取得更好的考试成绩。

书写得更快也能写出更好的故事和作文。研究表明，在较短时间写更多内容的孩子一般在写作能力多项测评中的分数都更高。正如快速和自觉书写能让学习者做出较出色的笔记一样，它也能让书写者创作出更多的故事文本。

因为更好的写作能力能获得更高的考试分数，写出更好的作文，因此努力练字可以让孩子在学校学习时受益匪浅。请试试下列的小建议，能让孩子的书写练习变得有意思：

- 和孩子一起写一封信给外地的亲戚。
- 在你和孩子一起做煎饼之前，让他给你写一份煎饼的食谱，或鼓励他帮你写好购物清单。
- 将房子里特定的墙或房间刷上白板漆或黑板漆，创造一个空间，可供孩子真正能在墙上写字。
- 在玩耍区域放上随手可拿的写字工具，促进他边玩边练习写字。
- 和孩子一起画画，并一起写出描述画面的句子。
- 鼓励他创作自己的故事、电影或戏剧。

☛ 自助建议

屋里已经到处堆满记笔记的纸，你是不是感觉可能没办法留下宝宝在这个记忆游戏中所有的笔记？我们的情况和你一样。这时在数字时代养育宝宝的好处就体现出来了。

如今手机、平板和电脑里有无数很棒的应用，你可以将宝宝每天做出来的有意思的东西拍照并存储起来。一旦你将这些影像上传到你的账号中，你就可以把原始影像扔掉了！庆祝植树节做的学校艺术作品？扔掉！宝宝第一次写他的名字？嗯，你可能想留下来以后给宝宝看。但是第二次到第五十次？立刻把它们扔掉！

　　有些程序甚至可以设置和朋友亲戚自动分享你的所有照片。因此要是爷爷奶奶没办法老远前来看他们的小毕加索每周创作的作品，你可以将新整理好的相册分享给他们！

实验 32

香甜黏腻的小成功

就是这样。

这个实验是你期待已久的。

仅一次它就会让你知道,你的宝宝将来是会成就卓著,还是会下半辈子都窝在你的沙发上。

但是不要有压力或者其他负面情绪。

让你的小淘气鬼做这个经典的"棉花糖测试",你就会发现她是否具备科学家们所认为的"成功因子"。要是你觉得这样令你压力倍增的话,就把测试作为吃棉花糖的借口吧(无意冒犯)。

年龄	能力测试
四至五岁	目标设定能力、自控力

实验必备

☛ 一张桌子和一把椅子。

☛ 一个摆设单调的房间,只有桌子和椅子,最好除此之外没有他物(考虑一下类似宴会厅或空旷的工作场所如会议室之类的环境)。

☛ 两块完全相同的棉花糖,或其他宝宝感兴趣的小零食。

☛ 一个隐藏的摄像机或婴儿监视器,实验期间你可以在另一个房间观察宝宝的举动。

实验步骤

1. 让宝宝坐在桌边,将一块棉花糖放在她的面前。

2. 告诉她你要离开房间,但你准备把棉花糖留在那儿。和她说清楚,要是她待在座位上,且在你离开期间没有吃掉零食,那么等你回来后她就可以得到两块棉花糖!

3. 离开房间约十五分钟左右。离开后,用隐藏摄像机拍摄下宝宝的举动,或用婴儿监视器观察她,或至少从窗户偷偷看一看,这样你就可以看到她做了什么。

4. 选择以下一种方式结束实验:

⊙ 要是宝宝在你回来之前就吃完桌上的棉花糖的话,不要再给她第二块。

⊙ 要是宝宝打退堂鼓,离开房间或大吵大闹让你回来,就让她吃掉第一块棉花糖,不再给她第二块。

⊙ 要是宝宝没有吃掉棉花糖或到了大约十五分钟才打退堂鼓,你回来后奖励她两块棉花糖。

如果心理发展领域要发行一册"精选辑",那么这个小实验毫无疑问会是第一个入选的。自从二十世纪六十年代,斯坦福大学的研究者们首次想出这个实验,它就不仅成为许多科学家和学者们参考的对象,而且被拍成电影、写成歌曲,甚至制作成电视广告,进入大众的视野。

我们认为这个实验之所以经久不衰,实际是因为人们觉得宝宝们面对如此诱人的美食,垂涎三尺但还是要克制自己的样子十分可爱。除此之外,这个实验的盛行也是因为实验结果能反映宝宝将来——成年后的成就。

那么关于后者——宝宝又做得如何呢?

在你走出房间还没关上身后的门之前,她是否就一口吞下了那块棉花糖?或者她确实长时间地等待着,熬到你回来?要是她的确等着,你就可以观察到她试图用各种各样愉快的方式让自己转移注意力。她可能会闭上眼睛,这样她就不用看到棉花糖。她大概会唱歌,晃动她的腿,或自言自语让她自己走走神。要不然,她可能会用舌头去舔一下棉花糖,暂时得到些许满足,想象最后她实实在在地将这块糖吞到肚里。这些行为不仅看上去十分有趣、可爱至极——它们也是有用的注意力转移技巧,让宝宝能成功地挨到最后,吃上棉花糖。

这个实验要求宝宝认定目标,集中注意力、延迟满足,直至最后实现它。这些也是实现所有主要人生目标所需的技巧。比如努力学习取得好成绩,最后进入一所好大学;或是日积月累倾力练习乐器,直到有一天能技艺娴熟地演奏;又或是每天抵制美食诱惑,严格控制饮食,最后减肥成功等。

因此要是宝宝确实耐心地等待，这就说明了将来她能成大事。美食当前她能够用意志力克制自己，这说明了她在生活中也具备这样的能力。研究者们在年龄较小的宝宝身上进行实验，并花了数十年时间追踪这些宝宝们的变化。实验结果证明，这个实验中等到最后的宝宝都取得了各种各样更好的结果，比如大学入学分数更高、肥胖率较低等。

也就是说，这个实验大概是唯一让人既可以吃双倍分量的棉花糖又能保持身材的时刻！

☞ 帮助宝宝的建议

你的宝宝是否在实验中打退堂鼓，并且吃掉了棉花糖？你一定吓坏了，认为她将来会一事无成。首先，试着放松下来，做几个深呼吸。（要是你一紧张就往嘴里塞满棉花糖而此刻做不了深呼吸，至少我们知道宝宝像谁了。）说正经的，这不是世界末日。事实证明，你可以用很多方法帮助不耐烦的小调皮，提升她的能力，从而更好地设定目标、延迟满足。以下就是一些好建议：

⊙ **设定界限并充满爱意地执行它们。** 宝宝在日常生活中应该学会遵守规则，学会自制。这就是为什么在贯彻执行明确规矩的家庭里长大的孩子在类似的测试中表现更好。因此，该严格时就要严格，比如按时就寝、吃蔬菜、不要随意踩踏兄弟姐妹的脸等。但是也不要过分操控宝宝的行为，这样会妨碍她成为一个自信、独立的社会人。试着在强有力的家规和爱与鼓励之间找到平衡。宝宝应该知道父母对她的期待，同时感到被关心和支持。

◉ **积极主动**。试着提醒宝宝将会遇到的问题、障碍，帮助她获得成功。研究者们做过一个延迟满足的测试。测试要求刚学会走路的宝宝禁止触摸一个诱人的礼物。当父母们提前告知他们会有什么困难，可以用分神技巧来分散对礼物的注意力时，这些宝宝们就会更好地完成任务。你也可以在现实生活中做同样的事。比如，为孩子创造一个安静的学习空间，以避免做作业时可能出现的问题，并在白天留出时间陪孩子完成作业。

◉ **树立一个好榜样**。宝宝容易受到周围人的耳濡目染。在此类实验中，观察其他人用自制力有效地等待奖励的宝宝，更容易学会自己等待；而观察那些没能耐心等待、只是追求即时满足行为的宝宝更容易失败。因此，为宝宝树立一个延迟满足的好榜样，会更好地影响宝宝。比如，与一次性花光信用卡的额度买一个全新的大电视放在客厅里相比，你可以每个月省下一点儿钱，攒起来，最后用攒下来的现金买大电视——而且也一定要和宝宝分享这种设定目标的策略！

◉ **沟通并调整注意力**。要是你感觉宝宝已经开始对目标打退堂鼓，提醒她现在的努力会有什么回报，帮助她继续坚持下去。"记着，要是你拼对所有的词，你的考卷上就会得到一张很棒的贴纸！"或"我知道你不想收拾房间，亲爱的，但如果你现在停下来，我们就再也找不到猫了。"她也许正需要你说些鼓励的话来敦促她继续努力。

☞ 自助建议

另外,不要太计较宝宝的行为,可能搞砸了实验的是你。我们并不是指正常情况下的搞砸——比如准备了错误的东西,对实验结果过于兴奋或紧张以至于忘记了重要的步骤,或者没有确保宝宝完全沉浸在实验中以至于她并没有参与实验,最后导致实验惨败。(你知道我们也弄砸过本该做好的实验吗?)

实际上,我们指的是你过去和宝宝的互动造成的潜在影响。要是你过去信守承诺,那么她就更容易选择等待奖励。要是宝宝感觉你之前承诺得多履行得少,她可能就会判断等待是不值得的——即使这个即时奖励更少,她也会选择先拿到此刻面前的那一份,拿到了就是她的了。

你也可以让宝宝不熟悉的人——你的同事、朋友或者排行第三的远房表兄来操作这个实验——承诺宝宝等待后会有棉花糖,来避免这种潜在的偏见。如果你自己做这个实验,宝宝最后的行为说明的问题会比其他人做实验更复杂。

信赖感对于建立良好的亲子关系至关重要。要是你答应带她去公园玩,就要准备好最近多带她去荡秋千、坐滑梯。要是你告诉她可以吃冰激凌作为甜点,就要做好准备为她提供好吃的冰激凌。这时,如果你有其他事要处理或你刚好改变了主意,你可能会认为宝宝太小,需要学会如何面对失望。但是记着,她在非常认真地对待你说的话,因此一不小心,这些小失望会导致大问题。

宝宝也许还很小，但她是一个有梦想、心怀希望、有情感的人。给她应有的尊重，那么她在不知不觉间就能向你展示出她所有的能力。

想象一下

实验 33

如果说前一个实验让你如芒在背、难以接受,那么我们给你带来一个好消息——"棉花糖"并不是本书唯一的测试。

虽然自制力确实能反映大部分宝宝将来的成就,但也有许多成功人士小时候也喜欢想入非非、贪恋甜食,且无法专心和安静下来。

这个实验将为你提供一个好办法,检测宝宝现阶段的<u>创造力</u>,以此预测其将来成功的概率!

年龄	能力测试
四岁及以上	创造力

实验必备

- 一把勺子。
- 一个毛绒动物玩具。
- 一系列不完整的图案,如图所示。
- 几支蜡笔、记号笔或彩铅。

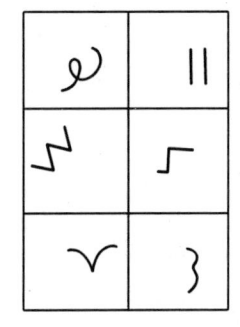

实验步骤

这个实验实际包含三个实验！下面的每个阶段都完全可以单独成立，因此你可以自由调整顺序，选择合适的时间进行实验。

☛ 第一部分

1. 递给宝宝一把勺子，让他尽可能想想能用多少种方式使用它。
2. 不断鼓励他尽可能提出新方法。

☛ 第二部分

1. 将毛绒动物玩具拿给宝宝看，并问道："你想怎么把它变得更好玩？你会做什么让它更有意思？"（要是他提议的改进办法完全无法实现，你也完全不用担心。）
2. 接着问他："除了拿来玩之外，你能想办法让这个玩具派上其他用场吗？"
3. 不断鼓励他，让他尽可能就上面的两个问题提供更多的答案。

☛ 第三部分

1. 将前面提供的六个正方形和未完成的线条复印下来，或在一页纸上临摹下来。
2. 将蜡笔、记号笔或铅笔递给宝宝，让他完善这些线条以构成一幅图画。

在做实验期间，要是你感觉像在和宝宝玩一些简单有趣的游戏的话，那你的感觉没错，确实如此！但是这种游戏方式富有启发性，同时能测试宝宝的创造力。每一个测试中，你都可以根据以下的标准来分析宝宝的反应：

- **相关答案的数量**。宝宝想出了几种方法？他给出与问题相关的答案越清晰，就说明他的创造力越强。另外，人们想出的答案数量和质量是紧密相关的——而且越迟想出的答案越具有创意。因此，宝宝不断提出新点子是个好现象。

- **答案的独特性**。宝宝给出的是寻常答案（比如用勺子舀汤）还是别出心裁的答案（比如在童话泳池派对上用勺子好好泡个热水澡）？在画画这个任务中，不直接使用那些线条的宝宝更加具有独创性（比如将曲线作为复杂外太空背景下的星球行星环的一部分，而不仅仅只是花朵的一部分）。打破局限，在正方形外画画以及用其他不寻常的方式构建绘画空间，这些也是非常具有创意的！要是宝宝能风趣、讽刺或充满感情地表述出答案的话，还能获得额外的创意分。

- **细节的层次**。他是怎么解释自己的回答的？听完他描述自己的想法，比如将毛绒玩具变成一台泰迪熊时光机器，你能根据他提供的信息立刻绘制一张蓝图吗？宝宝提供越多想象画面的细节，他就越具有创造力。同时诸如抽象、虚构以及其他编故事技巧也能体现出其较强的创造力。

从幼儿园一直到成年，在任何年龄段都可以用同样的评分机制来测评其创造力。但创造力确实会随时间而变化。例如，在画画任务中，年龄较小的宝宝可能只能中规中矩地画，甚至没有将线条连在一起画。长大一点儿后，他们也许开始照样子画一些线条，然后将线条闭合起来组成简单形状，最后还能将这些线条扩展成更复杂且有创意的图画。研究表明，从这些任务中展现出的宝宝的创造力指标会一直上升，在小学阶段到达最高点后，在接下来的学习阶段以及成年阶段的表现都呈下降态势。安迪自己私下也稍微做了点儿研究，追溯了一下历史，他发现大约十二岁左右的男孩可以将任何线段都扩展画成女人的乳房。

任何。线条。片段。

虽然创造力会随年龄而变化，但与同龄人相比，一个人的<u>相对创造力</u>一生都会维持较稳定的水平。至此，要是宝宝在十几岁表现出很强的艺术创造力，那么他很有可能在成年后还会继续进行想象力创作。这是真的！研究者对小学阶段的孩子进行创造力测试，包括类似这个实验中的问题，四十年后他们随访当年受测的对象，发现在孩提时就很有创意的孩子，成年后更有可能在创作领域有更高造诣，如音乐、艺术、戏剧和文学。

☛ 帮助宝宝的建议

想助宝宝一臂之力，让他拥有更出色的创造力吗？下面为你提供了几个家庭培养创意的方法，帮宝宝练习创造力：

⦿ 玩！研究表明，宝宝的玩耍能力正体现了他们正在发展的创造力。因此不管你在做什么，培养他玩耍和探索的习惯。不管是在公园玩还是探索一个新科学概念，用好奇心和童趣接触一切事物。

⦿ 多开怀大笑。幽默可以增强创造力。在一项测试儿童创造力的研究中，一组儿童在测试前听了一则有趣的录音，而另一组没听。那组听了"敲门笑话"[1]的儿童在测试中表现十分出色！因此如果家里一直保持轻快活泼的气氛，那么宝宝也能拥有很强的创造力。

⊙ **玩开放式玩具。**纸、马克笔、彩泥以及积木等玩具并没有固定的玩法。唯一的限制就是宝宝的想象力。因此，家里多准备一些没有限制玩法的玩具，鼓励宝宝玩这样的玩具，这样你就会发现他的创造力发展迅速。

⊙ **玩补充画面的游戏。**这个实验中，画画任务可以成为你和宝宝玩的常规游戏。只要画几条线，让宝宝将其补充成一幅画，就会让画画变得有趣且互动性强，宝宝的创造力也随之得到锻炼。实际上，任何创造力测试都可以变成日常游戏！

⊙ **遵循创造力法则。**既然你已经知道衡量创造力的一些具体标准（相关答案的数量、答案的独创性以及细节的层次），你就可以在家用它们来增强宝宝的创造力。在日常生活中，尽可能在定下一种方案之前穷尽一切可能性，不断练习如何想出更多的解决办法。为宝宝在努力创新上做表率，尝试做出独特的回答，提供更为详尽的细节，并鼓励宝宝也这么做。

☛ **自助建议**

到现在为止，我们明确知道，你已经了解了作为父母必须经受不停的折磨，极耗体力。这就是为什么最后我们为你保留了最好的建议：

---

1 "敲门笑话"：一种英语笑话，在两个人之间展开，一方为敲门人，另一方为回答者。笑话通常只有五句，遵循固定的格式，通常笑料来自于双关语。

休息一下！

尽管你永远都要亲力亲为地照顾宝宝，有做不完的整理清洁工作以及要不断地给宝宝传授道理，但有时你能给宝宝的最好礼物就是什么都不做。每一天、每一分钟，如果你忍住不教他任何事，他就可以自由地探索，亲身了解世界——这样就能让他的创造力得到很大的发展。

不信吗？看看下面的例子。

研究者开展了多项实验，对大人给宝宝一个新玩具后宝宝的反应进行观察。有些宝宝被明确告知玩具的玩法，而其他宝宝拿到玩具后并未被告知玩法。先前被告知玩法的宝宝玩玩具时只局限于那些玩法。而其他宝宝更为幸运，虽然之前不知道玩法，但他们用更有创意且更多样的方式玩，并亲自发现了玩具的新特性。

你知道我们将其称为什么吗？

快乐。

虽然你所做的都是想确保宝宝未来的成功，但快乐将一直是此刻衡量宝宝成功的指标。

让他充满创造性，你就可以好好地表扬自己了。

做得好，爸爸妈妈们。

加油，坚持下去。

后记

刚开始看这本书的时候,我们毫无头绪、无所依靠,在尝试弄清原委的过程中经常感到困惑。

是的,我是说,你们。

到现在,在育儿方面,你大概变得更自如了。我们希望这本书中列出的实验至少起到一定的作用。有些实验让你看到了宝宝令人惊奇的意志力,而有些实验让你见证了宝宝日渐增强的社交能力。它们都已向你展示了宝宝何时会增长知识,何时又变得懵懂——并不像你想象的那样。

总的来说,这些实验帮助你了解了宝宝那些貌似反常且毫无头绪的慌乱行为之间是彼此联系的。一旦你知道如何发现宝宝的思维模式,你就能更好地理解它、忍受它、欣赏它、探索它,而且最重要的是——促进它。因为在读这本书时,你花了不少时间观察、互动,并认真思考宝宝的发展,所以你自己的育儿能力也会得到提升。

这就是我们期望这些实验能达到的最好结果。

祝你们好运。育儿快乐,并坚持实验吧!

致 谢

谢谢我们的宝贝——萨米和弗莱迪,感谢你们让我们的生活充满欢声笑语和盈盈爱意。你们教会我们如何做父母,你们也是我们写这本书的初衷。

谢谢安迪的父母——玛丽·乔和吉姆·安科斯基,谢谢你们的支持和热情,也谢谢你们提供日记本,记录下我们的想法。感谢安贝尔的父母——凯伦和杰克·阿吉亚尔,谢谢你们给予我们的爱和鼓励,帮我们照看宝宝,让我们有时间完成这本书!

感谢我们的第一位实验对象——阿比盖尔·卡明斯,谢谢你在分饼干实验中的表现,真是可爱,让人忍俊不禁,因此我们才萌发写这本书的念头。感谢希瑟和斯蒂芬·尤戴尔以及克莉丝汀和特瑞·戴维斯,谢谢你们经常让我们在你们可爱的小侄子、侄女身上做实验。感谢妮可和罗伯·哈维拉,谢谢你们大方地和我们分享观点、创意以及热情,也谢谢你们让我们坚定写书的信念。

感谢我们的朋友珍和阿布海杰·布拉卡什,谢谢你们对我们的信任,第一时间支持我们写书。感谢阿什莉和 T. J. 索霍尔、阿里·巴克、梅根·巴尔兹扎克、戴夫·库柏、艾瑞卡·斯里尼瓦桑、巴瑞和马勒·施瓦茨，谢谢你们慷慨地抽出时间，为我们提供专业意见，友好地帮助我们修改书稿。

还要感谢安贝尔的同事和朋友们，他们的帮助对书稿的撰写至关重要，尤其是艾米莉·罗素、弗吉尼娅·胡恩、季森、哈雷·弗拉赫、马莉尔·凯格以及伊丽莎白·达维克，谢谢你们一直以来给予我们的支持和启迪。感谢克莉斯蒂娅·布朗，谢谢你帮我们跟进出版流程。感谢导师凯茜·桑德豪夫、亚伦·布莱斯德尔、斯科特·约翰逊和帕特里夏·格林菲尔德，谢谢你们的教导，让安贝尔成为合格的研究者，并有能力写出这本书。

最后感谢我们的经纪人乌韦·施腾德尔，一如既往地用满腔热情支持我们和我们的工作，还要谢谢莉莎·里尔顿和芝加哥评论出版社的所有同仁，谢谢你们的共同努力，让这本书面世！

推荐书目

你想另外找一些儿童发展方面的"轻松读物"进行阅读吗？下面列出一些书籍供你们参阅，我们从撰写这本书时的参考书中挑选出最简单易懂的一些书推荐给你们。要是你们有兴趣阅读支撑我们的实验方法和事实陈述的专业性强的研究类文章的话，可以登陆我们的网站 www.doctoranddad.com 进行查阅。

坡·布朗森、阿什莉·梅里曼.《养育冲撞：有关儿童的新思考》[M].纽约：泰尔夫出版社，2009.

丽丝·爱略特.《这儿发生了什么？生命前五年大脑和思维怎么发展》[M].纽约：班坦图书公司，1999.

阿黛尔·法伯、伊莱恩·玛兹丽施.《如何说孩子才会听 怎么听孩子才肯说》[M].纽约：哈珀柯林斯出版集团，2002.

艾瑞卡·霍夫.《语言发展》[M].贝尔蒙特：沃兹沃斯出版集团，2009.

辛西娅·莱特福特、麦克·科尔及希拉·R.科尔《儿童的发展》[M].纽约：沃茨出版社，2005.

芭芭拉·M.纽曼、菲利普·R.纽曼.《终身成长：心理学方法》[M].贝尔蒙特:沃兹沃斯出版集团,2009.

罗伯特·S.西格勒、玛莎·瓦格纳·阿利巴利.《孩子的想法》[M].新泽西上鞍河市:皮尔森/普伦蒂斯-霍尔出版社,2005.

索引

阿尔茨海默病　161
焦虑　13，51，74
手臂力量，及运动发展能力　27
艺术项目　33，186，195-200
依恋行为　71—77
注意缺陷多动障碍（ADHD）　127
注意力问题　13，127

婴儿背带　19
安全防护得当的家　18，27—29
保姆　73，74—77
宝宝工作　18
睡前活动　128—129
行为问题
　　书籍模仿　61
　　撒谎惯性　180
　　暴力冲突　13—14
　　缺乏睡眠　127

双语现象　160—161
桌游　163
亲子关系　3，7—8
书籍
　　学坏样　60—61
　　延迟模仿与亲子阅读　92—93
　　画着笑脸的书　24
　　边读边比画的　86—87
　　孕期大声诵读　3—7
无聊　30—34
跳跃　46
头脑功能　参见认知发展
母乳喂养　8—9

安抚策略　19，24，45—46，75
纸牌游戏　157—158，182—183
分类　170—172
化学品及儿童安全　28—29

儿童 参见婴儿；学步儿童
    分类能力 170—172
    创造力测评 195—200
    成长发育及发展预期 131—132
    挑食的儿童 138
    目标设置 188—194
    生长突增 125—127
    撒谎能力 175—181
    记忆策略 151—156，182—187
    换位思考 139—143，144—150，163—169
    数量与体积测试 133—137
    自制力 188—194
    心智理论 139—143
清洁剂 28
收拾时间 93，161—162
娇惯溺爱 75
认知发展
    分类及解决问题 170—172
    撒谎 175—181
    数学及算术技能 172—173
    记忆技巧 151—156
    规则转换 157—162
    睡眠影响 127
    电视影响 50
    增强型玩具 33

    增强多样性环境刺激 33—34
    颜色识别 118

亲子交流
    保姆准备阶段讨论 76—77
    手势示范 85—87
    目标设置及支持 192
    语言发展及期间的手势使用 86
    如何引导婴儿语 54—55，81
    解决问题策略示范 81
    建立词汇库及学习词汇 54—55
比较和对照 106—111，118
同理心 94—99
冲突
    想要新玩具 149—150
    交朋友示范 13—14
    分享 98—99
    社会偏见和歧视 61
一致性 128，161—162
环境 38—40，118
爬 45—46
创造力测评 195—200
哭闹 19，24，45—46，74

"爸爸"（学习词汇） 39—40

跳舞 7—8

做决定 参见解决问题 148—149

延迟模仿 88—93

痴呆 161

抑郁 13

成长发育

 第一年 1—2

 第二年 63—64

 第三年 131—132

妈妈的饮食 8—9

数码文档 186—187

歧视 60—61

涂鸦 182

画画 184, 186, 195—200

电器插座 28

共情能力 168

赋权 81, 148—149

环境

 受环境影响的语境和学习 37—39

 独立探索环境 18, 49, 69—70

 儿童安全和防护 18, 27—29

 电视的影响 50

设备和用品 参见书籍, 玩具

 婴儿背带 19

 儿童防护及安全设备 28—29

 学步车 18

期待 131—132

探索

 探索中增强的创造力 197—199

 独立探索 18, 49, 69—70, 200

 安全和防护 18, 27—29

面部表情 10—14

面部识别 20—24

幻想 163—169, 181

虚构故事 168

食物

 母乳喂养与接受食物 8—9

 针对挑食的宝宝的办法 138

 食物对味觉发展的影响 8—9

 配方奶喂养的宝宝 8

脏话 14, 119

择友偏好 参见社交发展

安全门 29

性别 104, 173

手势 8, 83—87, 136—138

送礼 144—150

目标设置 188—194

成绩 13

抓握反射　17
延迟满足　188—194
生长突增　125—127
适应　31—33

手
　　手势　8，83—87，136—138
　　移动性比较　27
　　手部伸展　25—29，84
　　书写技巧　185—187
听力　4—5，6—7
心率　6
捉迷藏游戏　143
作业　81，192
人脸识别　20—24
幽默　198
想象　195—200
模仿
　　延迟模仿　88—93
　　面部表情　10—14
　　脏话　14，119
独立性　81，148—149
婴儿　参见儿童；学步儿童
　　厌倦与适应　30—34
　　发展性描述　1—2
　　面部表情与模仿　10—14
　　物体恒存概念　47—51，52—56

伸展和运动技能　25—29
相似性偏好及社交能力发展　57—61
睡眠模式与日常行为　127—128
旋转与前庭系统刺激　43—46
跨步反射及运动技能　17
前庭系统刺激　43—46
视觉兴趣与社交能力发展　20—24
智力　2，12，32，33，60，179
一对一互动　3—9，50
智商　12，32
易怒　127

笑话　179，199

踢腿　5，6，35—38
语言发展
　　双语现象　160—161
　　环境因素辅助　38—40
　　提高设备性能的机会　19
　　做手势　8，83—87，136—138
　　适应　32
　　不合宜的模仿　14，118—119
　　物体比较和对照　106—111
　　物体恒存平行能力　123
　　胎儿期记忆及母语偏好　7

前语言期发展 7—8

　　解决问题平行能力 123

　　自我认知平行能力 123

　　电视影响 50

　　词汇习得与理解 54—55

　　词汇习得与速度 112—119

学习

　　比较与对照 106—111

　　环境因素影响 35—40

　　促进手势发展 87

　　适应 30—32

　　作为学习的模仿 10—14

　　独立探索学习 18，200

　　运动节奏学习 54

　　物体恒存概念学习 49—51

　　缺乏睡眠影响学习 127

　　电视影响学习 50

　　学习转折期 136—138

腿

　　踢腿 5，6，35—38

　　力量及移动能力发展 27

写信 186

倾听 4—5，99

愿望清单 149—150

读写能力 92

撒谎 175—181

魔术伎俩 82

"妈妈"（词汇习得） 40

夫妻关系 13—14

棉花糖测试 188—194

数学 173

赋予意义 154—155

记忆

　　记忆环境和语境的变化 35—40

　　延迟模仿 88—93

　　面部表情及模仿 12

　　撒谎 178—180

　　做笔记 182—187

　　缺乏睡眠影响记忆 127

　　声音以及胎儿记忆 3—8

　　记忆策略 151—156

运动 35—40

晕动症 46

运动节奏 52—54

运动机能

　　运动机能发展限制 27

　　独立探索 18，70

　　阶段性动作 45

　　伸手够物体的运动机能 25—29

　　跨步反射 15—19

　　对自己用工具与对他人用工具 100—105

前庭系统刺激运动机能　43—46

音乐互动　3—8

识别名称　39

午睡　128

新生儿

　　发展性描述　1—2

　　面部表情与模仿　10—14

　　跨步反射及运动机能　15—19

　　视觉兴趣及社交能力发展　20—24

记笔记　182—187

数字　172—173

物体恒存概念　47—51，52—56，78—82，123

观察技巧　10—14

户外活动及视觉兴趣　23

模仿动作　86，137

父母

　　亲子关系　3，8

　　作为宝宝的工具　104—105

　　沟通示范　54—55，76—77，81，85—87

　　目标设定和支持　192

　　妈妈的饮食　8—9

一对一互动　50

解决问题示范　81

阅读增强宝宝读写能力　92

阅读小说，益处　168—169

关系示范　13—14

自制力　148，192

信赖感　193

拍手游戏　23

持续动作　159，161—162

他人视角　139—144，144—149，163—169

杀虫剂　28

照片存储　186—187

身体发育　125—127

让·皮亚杰　172

玩耍

　　玩耍增进创造力　198

　　独立探索　18，49—50，69—70

　　假装　142，163—169

用手指　84，85，86

偏好歧视　57—60

偏见　60—61

胎儿实验　3—8

假装游戏　142，163—169

解决问题

　　分类技巧　170—172

　　冲突与分享　98

语言发展伴随 123

物体恒存概念 47—51，52—56，78—82，123

数量与体积测评 133—137

规则转换练习 157—162

自我安抚技巧 46，75—76

教学建议 81

对自己用工具任务与对他人用工具任务 100—105

承诺 193

逃避惩罚策略 180

数量与体积测评 133—137

安静游戏 69—70

伸手触碰 25—29，84

阅读 3—8，23—24，92，168—169

和解 14

反射行为 15—19，45

关系 参见社交能力发展 13—14，57—61，74

信赖 75—76

尊重 14

奖励 192—193

摇晃 45

爱情小说 168—169

恋爱关系 60，74

觅食反射 17

规则、家规 191—192

规则转换灵活性 157—162

安全 18，27—29，29

安全依恋 73—77

自制力 148，188—194

自我认知 121—124

自我安抚能力 46，75—76

感官发育 4—9，22—24

分离焦虑 51，73

分享 94—99

兄弟姐妹 74—75，143，178—179

视力 22

相似偏好 57—61

唱歌 3—8，87

坐 45

睡眠 127—129

笑容 14，20，21，181

社交能力发展

依恋实验 71—77

同理心和分享 94—99

延迟模仿 88—93

面部表情和模仿 10—14

朋友和相似性偏见 57—61

礼物挑选及他人视角 144—149

无生命物体对话 65—70

撒谎能力 175—181
夫妻关系的影响 13—14
假装游戏及他人视角 163—169
自我认知 121—124
心智理论测评 139—144
视觉兴趣 20—24
歌曲 3—8，87
安抚 6—7，46，75
旋转 43—46
楼梯 29
站 45
惊吓反射 17
跨步反射 15—19
存储建议 186—187
陌生人 71—77
力量 27
努力 75
吮吸反射 5，17
摆动 46
标志使用 182—187

味觉 8—9
电视 50—51
考试分数 39，185—186，191
心智理论 141—143
思考能力 参见认知发展
学步儿童 参见儿童，婴孩

依恋行为 74—77
同理心和分享 94—99
延迟模仿 88—93
成长发展性描述 63—64
用手势表示语言发展 83—87
无生命物体对话 65—70
物体比较和对照 106—111
物体恒存概念与解决问题 78—82，123
自我认识 121—123
睡眠模式和常规 128，129
对自己使用工具任务与对他人使用工具任务 100—105
词汇学习和速度 112—119
脚趾张开反射 17
工具 100—105
玩具
厌烦和适应实验 30—31，33—34
分类技巧 170—172
整理办法 92—93
认知发展和多样性 33
开放式玩具增强创造力 199
性别比较应用 104
教导与自我探索优势 200
撒谎能力测试 175—181
记忆技巧 151—156

物体恒存概念测评 47—48,
　　52—54,78—82
解决问题能力发展 103—104
够触能力 25—26
相似性偏好及社交能力发展
　　练习 57—61
愿望清单 149—150
信赖感 193
团结 14
动词 86
前庭系统刺激 45—46
视频 61
视力 21
视觉兴趣 20—24,31
视觉机能发展 23—24
建立词汇库
　　颜色识别 118
　　"爸爸"或"妈妈" 40
　　学说脏话 14,119

作为词汇发展征兆的手势
　　使用 84,85—87
物体比较和对照 106—111
亲子对话 55,67—69
词汇习得和速度 112—119
词汇类别 113—114
声音识别 6—7
数量与体积测评 133—137

学步 18
走 15—19,45
增重 125—127
意志力 148,188—194
愿望清单 149—150
"愿望"策略 99
词汇习得　参见语言发展；建立词
　　汇库
词汇爆发期 112—118

关于作者

安贝尔·安科斯基（Amber Ankowski）毕业于加利福尼亚大学洛杉矶分校，发展心理学专业，获博士学位。于《儿童发展研究》《婴幼儿发展》以及《实验心理学杂志》等学术刊物上发表多篇论文。现就职于加州多所大学，教授心理学，其中包括多门有关儿童教育的师范课程。

安迪·安科斯基（Andy Ankowski）毕业于圣母大学英语专业。从大学起，他就一直学习写作，在广告文案方面获奖无数，擅长用简单诙谐的方式让观众了解复杂的产品和服务。他和安贝尔共同养育两个宝宝，在日常生活中学习和积累养育宝宝的经验。

图书在版编目（CIP）数据

像婴儿一样思考：33个读懂孩子的家庭育儿实验 /（美）安贝尔·安科斯基,（美）安迪·安科斯基著；郑婕译 . —— 北京：北京联合出版公司，2023.6
ISBN 978-7-5596-6750-2

Ⅰ. ①像⋯ Ⅱ. ①安⋯ ②安⋯ ③郑⋯ Ⅲ. ①家庭教育—儿童教育 Ⅳ. ① G781

中国国家版本馆 CIP 数据核字 (2023) 第 066696 号

THINK LIKE A BABY: 33 SIMPLE RESEARCH EXPERIMENTS YOU CAN DO AT HOME TO BETTER UNDERSTAND YOUR CHILD'S DEVELOPING MIND
by
AMBER ANKOWSKI, PHD, AND ANDY ANKOWSKI (THE DOCTOR AND THE DAD)
Copyright: ©

This edition arranged with SUSAN SCHULMAN LITERARY AGENCY, INC through Big Apple Agency, Inc., Labuan, Malaysia.
Simplified Chinese edition copyright:
2023　Ginkgo (Beijing) Book Co., Ltd.
All rights reserved.

本书中文简体版权归属于银杏树下（北京）图书有限责任公司
北京市版权局著作权合同登记　图字：01-2022-5501

像婴儿一样思考：33个读懂孩子的家庭育儿实验

著　　者：[美] 安贝尔·安科斯基　[美] 安迪·安科斯基
译　　者：郑　婕
出 品 人：赵红仕
选题策划：北京浪花朵朵文化传播有限公司
出版统筹：吴兴元
特约编辑：王晓晨　宋燕群　孙慧妍
责任编辑：徐　鹏
营销推广：ONEBOOK
装帧制造：墨白空间·张静涵

北京联合出版公司出版
（北京市西城区德外大街83号楼9层　100088）
天津中印联印务有限公司印刷　新华书店经销
字数124千字　889毫米×1194毫米　1/32　7.25印张
2023年6月第1版　2023年6月第1次印刷
ISBN 978-7-5596-6750-2
定价：48.00元

后浪出版咨询（北京）有限责任公司　版权所有，侵权必究
投诉信箱：copyright@hinabook.com　fawu@hinabook.com
未经许可，不得以任何方式复制或者抄袭本书部分或全部内容
本书若有印、装质量问题，请与本公司联系调换，电话010-64072833